Der richtige Apfel am richtigen Ort

Ein Apfelbaum im eigenen Garten liefert frisches Obst ohne lange Transportwege und Vitaminverluste. Als frei stehender Hausbaum spendet er Schatten und Schutz, als Spalierbaum bildet er eine der schönsten Formen der Hausbegrünung und sogar auf dem Balkon lassen sich von klein bleibenden 'Ballerina'-Formen frische Äpfel ernten. Für einen Apfelbaum sollte auch im kleinsten Garten Platz sein.

Der Apfelbaum in der Gartengestaltung

Obstgehölze sind heute viel mehr als reine Nutzpflanzen. In wachsendem Ausmaß werden sie auch Gegenstand gestalterischer Planung. Dabei machen es die jahrhundertealten Techniken aus dem Obstbau leicht, gewünschte raumbildende und zierende Effekte zu erzielen.

APFELBÄUME IN VIELEN FORMEN UND GRÖSSEN ❧ Dies beginnt ganz einfach bei der Gehölzgröße und Wuchsform. Die Obstzüchtung stellt dem Gartengestalter beinahe jede Wuchsgröße und -form zur Verfügung: Für Kleinstgärten bis hin zu Balkonen bieten Baumschulen so genannte Säulen- oder Columnarbäume – meist als 'Ballerina' bezeichnet – an, das sind Apfelsorten, die keine Seitenverzweigungen bilden, also säulenförmig wachsen und daher relativ klein bleiben.

Die Sorte 'Elise Rathke' zeigt ausgeprägten Hängewuchs und zählt blühend wohl zu den schönsten Hängeformen in der Gartengestaltung. Sie bringt zudem köstliche Äpfel hervor.

Wo wenig Platz vorhanden ist, beleben Buschbäume – auf Zwergunterlagen veredelt – das Gartenbild. Wer aber nach Größerem trachtet, dem seien Sorten wie etwa 'Gravensteiner' oder 'Galloway Pepping' ans Herz gelegt. Sie zeichnen sich durch besonders kräftigen und – wenn man sie nur lässt – schönen Wuchs aus und geben einen prächtigen Hausbaum ab.

APFELBÄUME DURCH SCHNITTTECHNIK FORMEN ❧ Die bereits erwähnten Zwergunterlagen eröffnen noch weitere Gestaltungsmöglichkeiten:

Als Spalier bezeichnet man Bäume, die an einer Gerüstwand erzogen werden. Sowohl als

Formlose Wandspaliere gehören zu den schönsten Möglichkeiten, Hausmauern zu begrünen und auch in kalten Gegenden schmackhaftes Obst zu ernten.

Breitere Wege im Garten lassen sich durch Bogengänge aus Apfelbäumen, nach der Art von Spalieren geschnitten, attraktiv gestalten.

Mauerbegrünung als auch frei stehend – etwa als Sichtschutz oder einfach zur Abgrenzung einzelner Gartenteile – gehören sie zum Schönsten, was die Gartenkunst zu bieten hat.

Wer Lust auf Formales hat und gerne formiert, dem bieten Schnurbäume, Palmetten oder Spiralpyramiden ein reiches Betätigungsfeld. Dabei werden Obstbäume durch spezielle Schnitttechnik in bestimmte Formen wie etwa Fächer, Armleuchter oder Spiralen erzogen. Auch idyllische Laubengänge lassen sich mit Obstbäumen gestalten.

DIE APFELBLÜTENPRACHT VERLÄNGERN Mit Blüten- und Fruchtschmuck überbieten Apfelbäume reine Ziergehölze an Schönheit. Den rosa-weißfarbenen Blütenreigen der Äpfel etwas mehr Richtung Sommer verlegen kann man mit extrem spät blühenden Apfelsorten wie 'Roter Bellefleur', 'Rote Sternrenette' oder der sehr seltenen 'Juniblüte' – einer oberösterreichische Lokalsorte, die erst zu Beginn der Badesaison blüht.

KÖSTLICHE FRUCHTVIELFALT Im Sommer und Herbst präsentieren uns Apfelbäume ihren wunderschönen Fruchtschmuck: Der 'Danziger Kantapfel' sei hier genannt oder der 'Chrysofsker' – beide mit knallroten, kleinfrüchtigen Krampusäpfeln – sowie der 'Batullenapfel', der weithin leuchtend gelbe Früchte mit netten roten »Backen« trägt.

ÜBERLEGUNGEN VOR DER AUSWAHL

Bevor man zum Spaten greift, sollten einige Fragen beantwortet werden:

- **Welche Apfelsorten haben für mich den größten Nutzen?**
- **Wie viel Platz habe ich in meinem Garten für Obst?**
- **Welche Apfelsorten eignen sich für die Klima- und Bodenbedingungen in meinem Garten?**
- **Wo sind die günstigsten Standorte, d.h. der am besten geeignete Boden und das beste Kleinklima in meinem Garten?**
- **Wie kann ich die Pflanzen ideal in die Gesamtgestaltung einbeziehen?**
- **Wie viel Zeit will und kann ich der Apfelkultur widmen und wie sieht es mit meinen Kenntnissen aus?**
- **Wie lange möchte ich bis zu den ersten Erträgen warten?**

Köstliche Apfelernte: Die knallroten, kleinfrüchtigen Äpfel der Sorte 'Chrysofsker'

Der Standort: Boden und Klima

DER BODEN ❧ Apfelbäume sind »Herzwurzler« mit flach streichendem Wurzelsystem. Sie sind anpassungsfähig, lieben aber humosen, nährstoffreichen, mittelschweren, lockeren Boden mit guter Wasserversorgung. Flachgründige, sehr trockene Böden sowie staunasse Böden kommen als Standort nur nach entsprechender Bodenverbesserung wie Bewässerung oder Drainage in Frage.

Optimal sind leicht saure Böden mit pH-Werten (Maß für den Säuregrad des Bodens) von 5,5 bis 6,5. Doch auch basische Böden bis zu pH 7,5 werden meist problemlos vertragen, bei Werten darüber können Chlorosen (Gelbfärbung der Blätter) auftreten. Über die genaue Zusammensetzung des vorhandenen Bodens gibt die Auswertung einer Bodenprobe Aufschluss.

DAS KLIMA ❧ Dass Obst nur im warmen Klima gedeiht, ist ein weit verbreiteter Irrglaube. Gerade der Apfel ist eine Obstart mit erstaunlicher klimatischer Anpassungsfähigkeit. Äpfel werden zwar sogar in den Tropen kultiviert, doch gedeihen und reifen manche Apfelsorten unter mitteleuropäischen Bedingungen frei stehend auch in Höhen bis zu 1.400 m.

Welche Klimafaktoren gilt es rund um den Apfel zu beachten?

DIE TEMPERATUR ❧ Nur sehr wenige, spät reifende Apfelsorten wie etwa 'Granny Smith' benötigen Weinbauklima um auszureifen. Das Gros der Apfelsorten, auch Winteräpfel, reifen in der Regel auch in Höhenlagen bis zu 600 m problemlos aus.

Hitze macht den Apfelbäumen zu schaffen. Bei anhaltenden Temperaturen über 35 °C stellen sie das Wachstum ein. Ein Übersprühen mit Wasser – zur größten Hitzezeit mit feinster Düseneinstellung – kann das verhindern. Warmes Klima schafft auch optimale Bedingungen für die Vermehrung tierischer Schädlinge wie etwa des Apfelwicklers, der in warmen Regionen weit mehr Kummer bereitet als im kühlen Bergklima. Auch der Mehltaupilz tritt hier stärker auf, anfällige Sorten wie 'Jonathan' oder 'Idared' sind daher im warmen Klima zu meiden.

DIE WINTERTEMPERATUREN ❧ Äpfelbäume vertragen schadlos tiefe Wintertemperaturen. Probleme machen hingegen

Temperaturschwankungen im Winter, wenn zum Beispiel an sonnigen Januartagen die Quecksilbersäule auf +15 °C klettert und über Nacht die Temperatur auf eisige −10 °C sinkt, oder etwa wenn nach längeren Wärmeperioden ein Temperatursturz auftritt. Dann entstehen an Stamm und Ästen Frostplatten und -risse, die den Bäumen arg zusetzen.

Eine gewisse Abhilfe schafft ein Kalkanstrich am Stamm, der eine starke Erwärmung verhindert. Auch das Abdecken des Stammes mit Jute oder Hanfbändern ist möglich, es dient gleichzeitig als Wildverbiss- und Verdunstungsschutz.

Vermieden werden soll allerdings das häufig praktizierte Einpacken der Obstbäumen in diverse Plastiksäcke, auch Wildverbissschutz aus Kunststoff, wie im Forst verwendet, schadet den Obstbäumen. Im Inneren entsteht dabei Treibhausklima, der Stamm erwärmt sich, die Frosthärte sinkt und Pilzkrankheiten haben unter dem Plastikschutz leichtes Spiel.

SPÄTFRÖSTE ❧ treten oft bei sternenklaren Nächten im Frühjahr auf. Besonders spätfrostgefährdet sind Muldenlagen, wo die kalte Luft nicht abfließen kann. Temperaturen unter 0 °C zerstören die Blüten. Dem alljährlichen Blüten- und Ernteverlust kann man in gefährdeten Gebieten durch geschickte Standortwahl und spät austreibende Sorten entgehen. Auch die Verwendung von Hochstämmen kann helfen, die Kronen und damit auch die Blüten aus dem Kaltluftsee »herauszuhalten«.

FRÜHFRÖSTE IM HERBST ❧ schädigen mitunter empfindliche Früchte. Wo sich Väterchen Frost schon zeitig einstellt (das sind in der Regel auch Spätfrostlagen), soll auf empfindliche Sorten (z.B. 'Jonathan') verzichtet oder zeitgerecht geerntet werden.

WIND ❧ Das »himmlische Kind« sehen Obstbauern mit einem lachenden und einem weinenden Auge. Einerseits fördert der Wind

Apfelbäume haben ein flaches Wurzelsystem. Sie brauchen humose, nährstoffreiche, lockere Böden mit guter Wasserversorgung. Flachgründige, sehr trockene oder staunasse Böden müssen mit entsprechender Bodenaufbereitung wie Bewässerung oder Drainage verbessert werden.

das Abtrocknen von Blättern und Früchten und beugt dadurch Pilzkrankheiten wie Schorf oder Krebs vor. Andererseits entstehen Schäden an den Früchten und damit Eintrittspforten für den Monilia-Pilz.

Manche Sorten werden vor der Ernte von den Herbststürmen abgeschüttelt. Wunden durch Windbruch oder Scheuerstellen gewähren Obstbaumkrebs und Holzpilzen Einlass.

Wind führt Wärme ab, daher ist Windschutz für die Obstkultur in Höhenlagen fast ein Muss. Im regenarmem Klima wiederum ist die abtrocknende Wirkung nicht unbedingt ein Segen, daher sind auch hier Hecken zur Wahrung der wenigen Feuchtigkeit gefragt. Windiges, kaltes Wetter zur Blütezeit vermindert mitunter den Befruchtungsgrad der Blüten, da nur wenige Bienen fliegen.

NIEDERSCHLAG ❧ In luftfeuchten Gegenden ist die Gefahr von Pilzkrankheiten besonders groß (Schorf, Krebs).

In schneereichen Gebieten sollte auf eine straffe, steilere Kronenerziehung geachtet werden, damit die Schneelast keine Äste abbricht. Das gilt vor allem für Gebiete, in denen mit vorzeitigen Wintereinbrüchen gerechnet werden muss und feuchter, nasser Schnee auf noch belaubte Bäume fällt.

Im warmen Klimaraum ist aber eher mit einem Mangel an Niederschlag zu rechnen. Frühzeitiges Abwerfen der Früchte und mangelhaftes Wachstum sind die Folge.

Hagel ist wohl unter den Obstbauern die gefürchtetste aller Wettererscheinungen, kann er doch gleich die Ernte zweier Jahre zunichte machen, da sowohl die Früchte als auch die Knospen zerstört werden beziehungsweise völlig entlaubte Bäume nochmals blühen und daher für das nächste Jahr keine Blütenknospen mehr gebildet werden.

LICHT UND SCHATTEN ❧ Der Apfelbaum braucht für optimales Wachstum volles Licht, ist aber trotzdem jene Obstart, die am ehesten an schattigen Standorten gedeiht: Die Fruchtqualität sinkt allerdings bei Sonnenmangel stark.

Frühfröste können empfindliche Früchte schädigen. In gefährdeten Lagen sollte deshalb auf empfindliche Sorten (z. B. 'Jonathan') verzichtet oder vorbeugend zeitgerecht geerntet werden.

Spätfröste treten meist in sternenklaren Frühjahrsnächten auf und zerstören die empfindlichen Apfelblüten. In gefährdeten Gebieten kann die Verwendung von Hochstämmen dabei helfen, die Kronen und damit auch die Blüten aus dem Kaltluftsee »herauszuhalten«.

Das Kleinklima verbessern

Neben dem Großklima, das wir ja kaum (gezielt) beeinflussen können, sind die kleinklimatischen Bedingungen von größter Bedeutung für den Obstbau. Hier bieten sich verschiedene Möglichkeiten:

WINDSCHUTZ DURCH HECKEN ODER BAUMGRUPPEN Bei alten Einschichthöfen in windexponierten Höhenlagen finden sich oft Fichtengruppen an der Nordwestseite des Hauses oder des Gartens. Aus gutem Grund: Im Windschutz einer dichten Hecke oder Baumgruppe gedeiht noch manches wärmeliebende Obst und Gemüse, das an exponierterer Stelle keine Chance hätte. Das dunkle Grün der Nadeln lässt den Schnee schneller schmelzen und der Boden taut früher auf. Zusätzlich braucht im Haus weniger geheizt zu werden.

Im trockenen, heißen Klimaraum schützen Hecken vor den austrocknenden Winden, können allerdings auch einen Hitzestau im Sommer verursachen.

MAUERN UND STEINE ALS WÄRMESPEICHER NUTZEN Süd- und südwestseitige, windgeschützte Mauern sind gut geeignet, um an Spalieren anspruchsvolle Wintersorten noch in rauesten Lagen zu ziehen. In niederschlagsreichen Gegenden ist es zudem vorteilhaft, das Spalier unter der Dachtraufe zu pflanzen, um durch Feuchtigkeit begünstigtem Schorf- und Obstbaumkrebsbefall vorzubeugen.

Steine speichern Wärme gut und können dadurch einen Garten »erwärmen«. Anspruchsvolle Obstarten pflanzt man daher vor Gartenmauern. Auch Innenhöfe bieten häufig optimale Bedingungen. Die vielerorts grassierende »Gartenpflasterungsmanie« führt aber vor allem im trocken-warmen Klima zu »wüstenähnlichen Bedingungen« in den Hausgärten. Grasbewuchs und Pflanzen allgemein wirken kühlend auf das Gartenklima.

»FROSTLÖCHER« MEIDEN UND DEN FLUSS DER KALTEN LUFT BEACHTEN ❧
In Tallagen ist es wichtig, darauf zu achten, dass die kalte Luft abziehen kann – eine dichte Nadelgehölzhecke oder ein am Hangfuß gebautes Haus können dies verhindern und den Garten zu einem »Frostloch« machen.

Auch unüberlegt gebaute Gartenmauern oder dichte Zäune sind oftmals Ursache dafür, dass nach einem Blütenfrost unerwartet und von einem Jahr zum anderen die Obsternte ausbleibt oder Pflanzen abfrieren. Andererseits können dichte Hecken verhindern, dass kalte Luft von einem oberhalb des Gartens gelegenen Hang in den Garten »fließt«.

Spätfrostgefährdete Apfelsorten pflanzt man am besten in Hanglagen, da dort die kalte Luft abziehen kann. In Muldenlagen kann es

Kleinklima im Garten am Beispiel Kaltluft

Ein Haus am Hangfuß kann den Garten zu einem »Frostloch« machen.

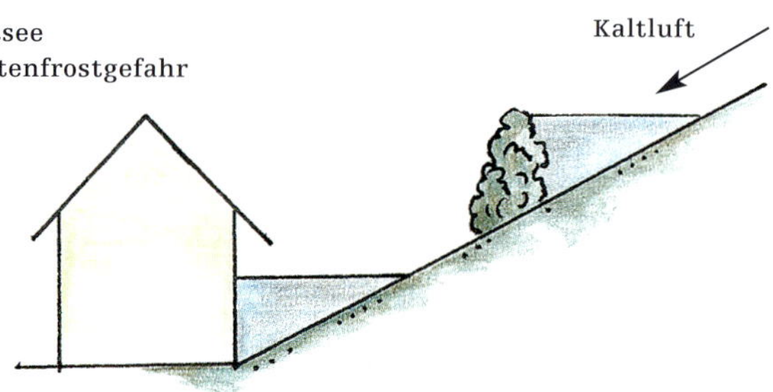

Eine dichte Hecke vermindert den Kaltluftzufluss vom Hang in den Garten.

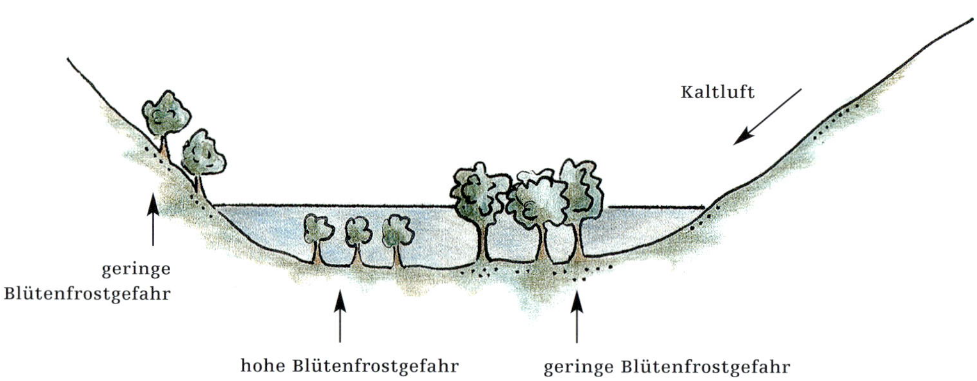

In Muldenlagen mit häufigen Spätfrösten sind Hochstammformen oft besser geeignet als Buschbäume, da ihre Kronen über den Kaltluftsee ragen. Am Hang kann die kalte Luft abziehen – für spätfrostgefährdete Apfelsorten die beste Pflanzlage.

Frostberegnung

Apfelblüten nach einer Frostnacht mit Beregnung: Das Eis, das sich um die Blüten gebildet hat, hat sie gleichzeitig geschützt.

sinnvoll sein, höhere Baumformen zu wählen, damit die Blüten dem Kältesee in Bodennähe entgehen. Gleichzeitig wird die Gefahr eines Schorf- oder Krebsbefalls geringer.

In windigen Lagen kann es wiederum günstiger sein, niedrige Baumformen zu wählen, um die Wärme und geringere Windgeschwindigkeit in Bodennähe zu nutzten.

MIT FROSTBEREGNUNG GEGEN DEN FROST Tiefe Nachttemperaturen im Frühling gefährden die zarten Knospen und Blüten der Apfelbäume. Im Intensivobstanbau hat sich die Frostberegnung zur Abwehr von Blütenschäden durch Spätfröste bewährt – eine Methode, die durhaus auch im Hausgarten durchführbar ist.

Strahlungswetter deutet auf nächtliche Frostgefahr hin und ist bei folgenden gleichzeitigen Bedingungen gebeben:

- geringe Luftfeuchtigkeit (wenn der Himmel sternenklar ist)
- geringe Lufttemperatur und Windstille bei Sonnenuntergang
- Temperatur etwa <8 °C

Zur Frostberegnung wird der Gartenschlauch mit einer feinen Düseneinstellung so installiert, dass der gefährdete Obstbaum übersprüht wird und das Wasser in der Folge am Baum gefriert. So erstaunlich das klingt, die Eishülle schützt die Blüten vor dem Erfieren.

OBSTBÄUME VERBESSERN DAS KLEINKLIMA Obstbäume selbst verbessern ebenfalls das Kleinklima. In früheren Zeiten waren unsere Dörfer von Obstwiesen umgeben. Aus gutem Grund: Ein Apfel musste nicht erst »um den halben Erdball« transportiert werden, wenn man ihn essen wollte – er wurde vor dem Haus gepflückt. Ihre Verdunstung und der Schatten, den sie spendeten, milderten die Hundstage im Sommer. Am Abend dagegen konnte man unter dem schützenden Blätterdach länger im Freien sitzen, da die im Boden gespeicherte Wärme nicht so schnell entweichen konnte. Zudem wirken Bäume als Windbremse und filtern Staub aus der Luft.

Jeder Baum ist anders: Baumformen, Pflanzabstände, Pflanzung

Nachdem der Standort bestimmt und die richtigen Sorten für den Garten ausgewählt sind, bleibt noch eine Frage zu klären: Welche Baumformen sind für mich ideal?

Baumformen

Schon im Barock war man bestrebt, Obstbäume in unterschiedlichen Formen und Größen zu kultivieren. Die Verwendung verschiedener Veredelungsunterlagen ermöglichte es, große und kleine Bäume derselben Sorte zu erziehen. Ein Apfelbaum besteht in der Regel aus zwei Teilen: der Edelsorte mit bestimmten Eigenschaften und der Unterlage, die die Wurzeln bildet.

Beide beeinflussen den Baum in mannigfaltiger Weise, vor allem aber die Baumgröße und den Zeitpunkt des Eintretens der ersten Fruchterträge.

DAZU ZWEI BEISPIELE: Die Sorte 'Gravensteiner' zählt zu den am stärksten wachsenden Sorten im Sortiment, zusätzlich beginnt sie spät zu tragen. Wird 'Gravensteiner' auf einer stark wachsenden Sämlingsunterlage veredelt, ergibt das einen mächtigen, imposanten Apfelbaum mit oft mehr als 10 m Kronendurchmesser. Auf die ersten Früchte muss man allerdings bei solch einer Kombination bis zu 10 Jahre warten. Der Baum ist robust und wird sehr alt (bis zu 80 Jahren).

Die Sorte 'James Grieve' wächst nur mittelstark und trägt früh. Auf die Unterlage M9 veredelt, trägt sie meist schon im zweiten Standjahr Früchte. Der Baum bleibt klein und ist kurzlebig (bis zu 30 Jahren).

Auch im heutigen Hausgarten brauchen wir für verschiedene Pflanzsituationen und Ansprüche entsprechende Baumformen. Wenngleich die Modalitäten der einzelnen Baumschulen etwas unterschiedlich sind, werden heute im Allgemeinen folgende Baumformen angeboten:

HOCHSTAMM Der Kronenansatz liegt bei über 160 cm. Diese großen Bäume werden auch im Landschafts- und landwirtschaftlichen Obstbau verwendet. Im Hausgarten können sie als Schattenspender, Blickpunkt des Gartens oder Hausbaum eingeplant werden.

VORTEILE

- Der hohe Kronenansatz ermöglicht es, den Raum unter dem Baum zu nutzen.

- Hochstammformen erreichen ein hohes Lebensalter und sind sehr robust.
- Nach dem Anwachsen keine Stütze mehr nötig
- Grasunterwuchs kein Problem

NACHTEILE

- Später Ertragseintritt bei manchen Sorten

HALBSTAMM Der Kronenansatz liegt zwischen 120 und 150 cm. Die Bäume werden mittelgroß bis groß. Die Verwendung von Halbstämmen ist nur dann sinnvoll, wenn auf entsprechende Unterlagen veredelt wird. Dann bleiben auch die Kronen kleiner als beim Hochstamm und der Ertrag setzt früher ein.

Der Halbstamm ist nach wie vor eine der meistverkauften Baumformen für den Hausgarten, obwohl diese Art eigentlich für Hausgärten denkbar ungeeignet ist. Das Mähen und die Nutzung des Raumes unter dem Baum sind kaum möglich und der Baum entfaltet sich doch zu beachtlicher Größe. Wenn man etwas kleinere Bäume haben möchte, wäre es sinnvoller, auf entsprechende Halbstammunterlagen (etwa MM111) veredelte Bäume zu erwerben und den Kronenansatz durch Schnittmaßnahmen so weit nach oben zu verlegen, dass man problemlos darunter gehen kann.

VORTEILE

- Hohe Lebensdauer
- Grasunterwuchs kein Problem
- Nach dem Anwachsen keine Stütze mehr nötig

NACHTEILE

- Kronenansatz für eine Unternutzung zu klein
- Mähen unter dem Baum schwer möglich

BUSCHBAUM Kronenansatz bei 40 bis 50 cm, mittelgroße Bäume

VORTEILE

- früher Ertragsbeginn
- mittlere Lebensdauer

NACHTEILE

- Unterstützung meist zeitlebens nötig, da die Wurzeln zu schwach sind, um standfest zu sein
- Grasunterwuchs nur bedingt möglich (bei entsprechendem Wasserangebot)

Der Halbstamm ist – obwohl für Hausgärten eigentlich wenig geeignet – eine der meistverkauften Baumformen. Das Mähen und die Nutzung des Raumes unter dem Baum sind schwer möglich und der Baum entfaltet sich doch zu beachtlicher Größe.

SPINDELBUSCH Kronenansatz bei 40 bis 50 cm, kleine Bäume. Benötigen guten, offenen Boden und relativ viel Schnittpflege, da sie sonst rasch vergreisen.

VORTEILE

- sehr früher Ertragsbeginn

NACHTEILE

- kurze Lebensdauer
- Unterstützung zeitlebens nötig

Neben den »Rundkronen« erzog man auch von jeher Längskronen in Form von frei stehenden Spalieren oder Wandspalieren. Man unterscheidet zwischen formlosen Spalieren – hier werden die Triebe regellos an der Spalierwand angeheftet – und strengen Formen mit genau bestimmter Wuchsform. Zu diesen zählen senkrechter und waagrechter Schnurbaum (Kordons). Dabei wird auf schwach wachsender Unterlage nur ein vertikaler bzw. horizontaler Ast mit kurzem Fruchtholz erzogen.

Verrier-Palmetten oder Armleuchter-Palmetten bestehen aus mehreren senkrechten Spalierästen. Palmetten haben einen aufrechten

Beispiel verschiedener Baumformen

Kordon-Formen sind strenge Erziehungsformen. Dabei wird auf schwach wachsender Unterlage nur ein vertikaler bzw. horizontaler Ast mit kurzem Fruchtholz erzogen.

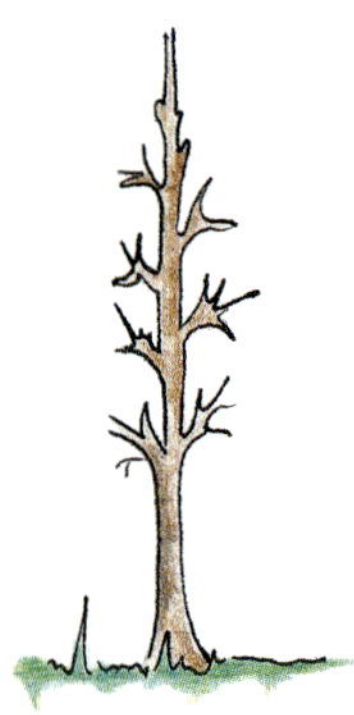

Senkrechter Kordon

Zweiarmiger senkrechter Kordon

Armleuchter-Palmette

Schrägkordon

Formloses Wandspalier

Mitteltrieb, von dem im Abstand von 40 cm waagrechte Spalieräste gezogen werden.

Beim Schrägkordon werden diese schräg in die Höhe gezogen. Für diese Formen werden mittelstark wachsende Unterlagen benötigt.

Spaliere sind zwar arbeitsaufwändiger, zählen aber mithin zu den schönsten Möglichkeiten ein Haus zu verzieren. Zusätzlich wird die Mühe – der Spalierschnitt ist nicht zeitintensiv und absolut kein Mirakel – selbst in rauesten Lagen jährlich mit Früchten belohnt, die ihresgleichen im Supermarkt suchen.

Für diese Baumformen besorgt man sich am besten einjährige Veredelungen der gewünschten Sorte (sollte nicht mehltauanfällig sein) und Wuchsstärke und zieht das Spalier selbst. Manche Gärtnereien bieten auch ältere vorgezogene Spalierbäume an, die Sortenauswahl ist dabei allerdings begrenzt.

PFLANZABSTÄNDE Jede Obstart und Baumform hat einen bestimmten Platzbedarf, den man bereits bei der Planung des Gartens und der Pflanzung berücksichtigen muss. Sonst sind die Bäume bereits zu groß, wenn sie nach zehn Jahren endlich zu tragen beginnen! Einen großen Baum klein zu halten und gleichzeitig Früchte ernten zu wollen, ist nahezu unmöglich.

Um den Platzbedarf der Bäume von Anfang an richtig einschätzen zu können, ist es besonders wichtig, von der Baumschule möglichst genaue Informationen über die Sorten und verwendeten Unterlagen anzufordern.

Baumformen: Empfehlenswerte Unterlagen für Hausgärten, Pflanzabstände

Unterlage	Baumform	Eigenschaften	Pflanzweite
Sämling	Hochstamm	Sämling, stark wachsend, Ertrag spät und unregelmäßig, sehr anpassungsfähig, robust und langlebig, standfest	8 bis 10 m
A 2	Hochstamm, Halbstamm	stark wachsend, Ertrag früh bis mittel, nicht auf sehr trockenen Standorten, standfest	8 bis 10 m
M 25	Hochstamm, Halbstamm	stark wachsend, Ertragseintritt früh bis mittel, standfest	8 bis 10 m
MM 111[1]	Halbstamm, Busch, Hochstamm	mittelstark bis stark wachsend, Ertragseintritt mittel, trockenheitsresistent und frosthart, standfest	5 bis 7 m
M 7	Busch	mittelstark wachsend, Ertrag früh, relativ tolerant gegen feuchte und trockene Böden, nicht standfest	4 m
MM 106	Busch, Spindelbusch	mittelschwach wachsend, Ertrag früh, beste Unterlage für kleine Baumformen im Hausgarten, nicht standfest	2 bis 3 bis 4 m
M26[2]	Spindelbusch	schwach wachsend, Ertrag früh, anspruchsvoll an Bodenpflege, nicht standfest	2 bis 3 m
M9[2]	Spindelbusch	schwach wachsend, Ertrag früh, anspruchsvoll an Bodenpflege, Wühlmausleckerbissen, nicht standfest	2 bis 3 m

1 MM 111 ist eine Unterlage, die in der Regel für große Buschbäume und Halbstämme verwendet wird; optimal wäre sie für kleine Hochstämme geeignet.

2 M9 und M26 sollten im Hausgarten nur für sehr stark wachsende Sorten für kleine Baumformen verwendet werden, sonst ist die etwas stärker wachsende aber robustere MM 106 vorzuziehen.

Die Pflanzung eines Apfelbaumes

Beim Baumkauf sollte man sich an eine Markenbaumschule wenden, vorzugsweise eine Baumschule, die selbst Obstbäume produziert. Pflanzenkauf ist Vertrauenssache, jedoch muss man die gekaufte Ware gründlich prüfen. Dabei ist ein hundertprozentig gerader Stamm nicht so wichtig wie ein gut verzweigtes, wenig verletztes Wurzelsystem. In der Baumschule muss man über die Sorte und die verwendete Veredelungsunterlage Auskunft bekommen. Hat man einen bestimmten Sortenwunsch, sollte man sich, wenn diese nicht vorhanden ist, keinesfalls mit der erstbesten Ersatzsorte abspeisen lassen.

FOLGENDE QUALITÄTSKRITERIEN GELTEN FÜR HALBSTAMMBÄUME (h) UND HOCHSTAMMBÄUME (H)

ALLGEMEIN

- sortenecht (leider erst nach Jahren überprüfbar)
- gesund und fehlerfrei
- gut bewurzelt (d.h. zahlreiche fingerdicke Wurzeln, nicht wenige sehr dicke Wurzeln)
- ohne Beschädigung

STAMMHÖHE

- h: 120 bis 160 cm
- H: mindestens 160 cm

STAMMUMFANG

- h: mindestens 6 cm auf halber Höhe
- H: mindestens 7 cm in 1 m Höhe

KRONE

mindestens 1 Mitteltrieb und 3 kräftige Seitentriebe

VEREDELUNGSSTELLE

- soll gut verwachsen sein

Beim Baumkauf sollte auch das Wurzelwerk begutachtet werden: Mehrere fingerdicke Wurzeln sind günstiger als eine wenig verzweigte, dicke Wurzel. Die Wurzeln sollten bis zur Pflanzung nie austrocknen.

DER RICHTIGE ZEITPUNKT Hat man sich einmal für einen Baum entschieden, kann man ans Pflanzen denken. Obstbäume werden zum Glück auch heute noch großteils als wurzelnackte Ware angeboten, die problemloser anwächst als Containerpflanzen. Sie werden im Winterhalbjahr gepflanzt. Apfel und Birne finden vor allem im warmen Klima bessere Bedingungen vor, wenn sie schon im Oktober in ihre neue Heimat kommen. Sehr späte Pflanzungen (etwa Dezember) sind dabei eher zu vermeiden. Der Vorteil von Herbstpflanzungen ist nämlich, dass die Bäume bei Bodentemperaturen über 5 °C noch einwurzeln können. Sind diese Temperaturen nicht mehr gegeben, bedeutet die Überwinterung im Freien Stress für den jungen Baum.

Obstbäume kauft man am besten in einer Markenbaumschule, vorzugsweise in einer Baumschule, die selbst Obstbäume produziert. Optimale Pflanzenqualität ist die wichtigste Voraussetzung für gesundes Wachstum und gute Ernte.

Im neuen Jahr soll möglichst früh gepflanzt werden, sobald der Boden frostfrei ist. Containerpflanzen können das ganze Jahr über gepflanzt werden, sind aber in jedem Fall nur zweite Wahl, da wurzelnackte Ware in der Regel besser anwächst. Bei Containerbäumchen ist der Ballen vor dem Pflanzen kräftig aufzureißen, damit die Einwurzelung besser funktioniert. Trotzdem ist der Drehwuchs, den die Wurzeln im Gefäß entwickeln, problematisch. Oft haben die Wurzeln nach zwei Standjahren den Bereich des ursprünglichen Topfes noch immer nicht verlassen. Auch beim Gießen ist bei Topfware Vorsicht geboten. Der meist als Substrat verwendete Torf nimmt Feuchtigkeit aus dem umgebenden Erdreich nur schlecht auf, daher muss immer der Topfbereich direkt gegossen werden.

Der Pflanzvorgang

1. PFLANZGRUBE AUSHEBEN ❧ Zur Pflanzung wird ein Loch, mindestens doppelt so groß wie der Wurzelballen, ausgehoben. Je schlechter der Boden – etwa extrem schwerer oder felsiger Boden – desto größer sollte die Grube bemessen werden. Der Boden der Pflanzgrube wird zusätzlich noch spatentief gelockert.

2. STÜTZPFAHL EINSCHLAGEN ❧ Danach muss die Baumstange bzw. bei Zwergformen der Stützpfahl eingeschlagen werden – vorzugsweise auf der dem Wind zugewandten Seite der Grube. Optimal wäre ein Gerüst mit drei Pfählen, wie es bei Baumpflanzungen im städtischen Bereich üblich ist. Als Baumstangen für die ersten Wachstumsjahre von Hoch- und Halbstämmen genügen Fichtenpfähle mit 10 cm Durchmesser. Als Unterstützungspfahl für Busch und Spindelbusch bieten sich Robiniensteher oder andere dauerhafte Steher etwa aus Metall an, wie sie auch in Weingärten verwendet werden. Der Baum wird nach dem Pflanzen mit einem breiten Band aus Kokosfaser, Hanf, Sisal oder Gummi befestigt.

3. WÜHLMAUSSCHÄDEN VORBEUGEN ❧ Zum Schutz vor Wühlmäusen kann die Pflanzgrube mit einem engmaschigen Hasengitter ausgelegt werden. Danach stellt man den Baum hinein, füllt mit Feinerde auf und legt auch von oben das Gitter über den Wurzelballen. In Gebieten mit sauren, feuchten Böden verrottet das Hasengitter mitunter zu schnell. Dem kann man durch Eintauchen in Zementmilch etwas vorbeugen.

4. BODENVERBESSERUNG ❧ Der Boden, der nun wieder ins Pflanzloch geschaufelt wird, kann auf ungünstigen Standorten verbessert werden:

Auf sehr schweren Böden empfiehlt sich das Untermischen von Sand oder auch Kies, beides sollte als Drainage auch in den Untergrund eingearbeitet werden.

Pflanzung eines Hochstamm-Apfelbaumes

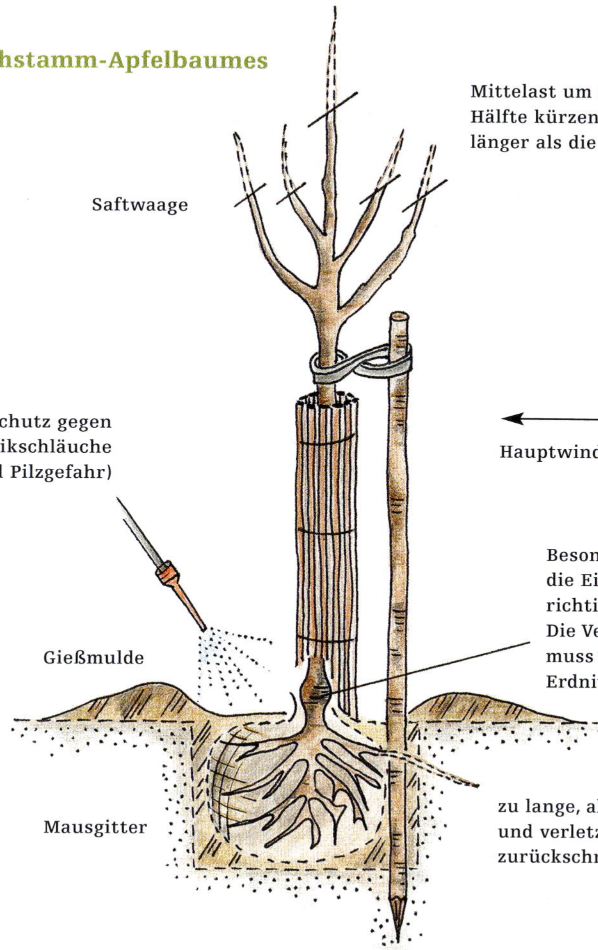

Dabei darf nicht mit der Menge gespart werden: Sand und Erde können im Verhältnis 1:1 bis 2:1 gemischt werden. Empfehlenswert ist ein Radius von einem Meter und mehr.

Rein theoretisch könnte auf sehr kargen Böden eine Vorratsdüngung mit Phosphor und Kali gegeben werden. Solche Böden sind jedoch heute in Gärten überaus selten. Es wäre allerdings naheliegend, diese kargen Stellen sinnvoller zu nutzen als durch Obstkulturen – Magerrasen oder Heidegarten sind Alternativen.

Den obersten 20 cm Erdschicht kann gut verrotteter Kompost beigemischt werden. Keinesfalls aber sollten Kompost, Grassoden oder Torf unten in die Pflanzgrube geworfen werden. Die organischen Teile würden unter der Erde verfaulen und für die Pflanzen giftigen Schwefelwasserstoff freisetzen, der die Wurzeln schädigt.

5. VEREDELUNGSSTELLE BEACHTEN

Beim Pflanzen soll darauf geachtet werden, dass die Veredelungsstelle – meist erkennbar an einer Verdickung – über der Erdoberfläche bleibt. Das verhindert das »Freimachen« der Edelsorte, also die Bildung eigener Wurzeln. Unerwünscht starkes Wachstum kann die Folge sein. Außerdem begünstigt zu tiefes Pflanzen das Auftreten von Kragenfäule, einer Pilzkrankheit, die oft zum Verlust des Baumes führt.

Apfelbäume richtig pflegen

Die Basis für gesunde Apfelbäume bilden zum großen Teil vorbeugende Maßnahmen. Gut überlegte Sortenwahl, optimaler Standort und Pflegemaßnahmen zur richtigen Zeit sorgen dafür, dass die Bäume in gutem Zustand und damit wenig anfällig für Schädlinge und Krankheiten bleiben. Vorbeugung ist der beste Schutz. Wenn ein Pflanzenschutzeingriff notwendig ist, sollten im naturnahen Hausgarten unbedenkliche Methoden den Vorzug bekommen.

Die wichtigsten Pflegearbeiten

Bewässerung

Schon bei der Planung eines Obstgartens sollte man auf die Standortgegebenheiten achten und danach die Obstsorten- und Unterlagenauswahl treffen. Äpfel – vor allem auf schwächer wachsenden Unterlagen – sind für genügend Feuchtigkeit dankbar. Alle Maßnahmen zur Erhöhung der Wasserhaltefähigkeit des Bodens wie Mulchen oder Zufuhr organischer Substanz sind daher in trockenen Lagen besonders wichtig. Außerdem sollte die Möglichkeit bestehen, zusätzlich zu bewässern. Je trockener der Boden, desto stärker wachsend sollte die Unterlage sein.

Bodenpflege

MULCHSCHICHT SCHÜTZT DEN BODEN Vor allem in Trockengebieten bietet sich das Mulchen von Baumscheiben mit Laub oder Wiesenschnitt an, um die Verdunstung von Bodenwasser möglichst gering zu halten. Hier leistet Nusslaub gute Dienste: Der hohe Gerbstoffgehalt der Blätter verhindert das Aufkommen von Unkraut weitgehend. Laubmulch kann allerdings Wühlmäuse anlocken.

Im Winter bietet Laub auch Frostschutz für die Wurzeln. Im Frühjahr sollten Sie den Mulch kurzfristig entfernen, damit sich der Boden rascher erwärmen kann.

GRASWUCHS ODER OFFENE BAUMSCHEIBE In den ersten Lebensjahren soll bei allen Baumformen eine Baumscheibe in Größe der Krone von Bewuchs freigehalten werden. Dabei muss allerdings nicht jedes Kräutlein säuberlich entfernt werden. Ab Anfang August ist es sogar vorteilhaft, die Baumscheibe zu begrünen. Bei starkwüchsigen älteren Bäumen kann Graswuchs das ganze Jahr über zugelassen werden.

Bei Spindelbuschbäumen, vor allem auf der Unterlage M9, soll der Boden offen gehalten werden.

Düngung

Obstbäume kommen mit normalen Gartenböden in der Regel gut zurecht, eine zusätzliche Düngung ist meist nicht nötig.

Auf sauren Böden kann alle paar Jahre eine Kalkung mit kohlensaurem Dolomitkalk durchgeführt werden.

Auch für ein wenig gut verrotteten Kompost sind die Bäume dankbar. Bei alten, nicht mehr triebfreudigen Bäumen wirken ein Entfernen der Grasnarbe und eine kleine Kompostgabe im Jänner/Februar oft Wunder. Mist ist für Obstbäume zu stickstoffreich und sollte, wenn überhaupt, nur in geringen Dosen gegeben werden.

Fruchtfolge

Wie bei vielen anderen Kulturpflanzen kennt man auch im Obstbau den Begriff der Bodenmüdigkeit. Das heißt, dass nach längerer Kultur ein und derselben Obstart die Bodenbedingungen immer ungünstiger für sie werden. Die Ursachen sind vielseitig: einseitige Nährstoffauslaugung, Ansammlung von Hemm- und Schadstoffen im Boden und nicht zuletzt Anhäufung von Schadorganismen.

Plant man nun, einen Apfelbaum zu ersetzen, wählt man am besten eine Obstart aus, die möglichst wenig mit der vorangegangen Pflanze verwandt ist und vorzugsweise aus einer anderen Pflanzenfamilie stammt, zum Beispiel einen Nuss- oder Maronenbaum oder einen Kiwistrauch.

Die meisten unserer Obstgehölze gehören zur Familie der Rosengewächse und sind daher mehr oder weniger eng verwandt. Rosengewächs auf Rosengewächs zu pflanzen ist nicht optimal, wenn es aber unvermeidbar ist, sollte Steinobst auf Kernobst folgen und umgekehrt.

Birne auf Apfel folgen zu lassen und vice versa ist deshalb nicht empfehlenswert, ebenso stark wachsende Arten auf schwach wachsende.

TIPP **Wenn es unbedingt gewünscht ist, die gleiche Art an derselben Stelle zu pflanzen, wäre es günstig, zwei Dinge zu befolgen:**

- **den Baum nicht an exakt dieselbe Stelle, sondern etwas versetzt pflanzen**
- **den Boden mindestens ein Jahr ruhen lassen und Gründüngung anbauen; bei Rosengewächsen hat sich der Anbau von Tagetes bewährt.**

Soll ein Apfelbaum ersetzt werden, wählt man, um Schäden durch Bodenmüdigkeit vorzubeugen, am besten eine Obstart aus, die möglichst wenig mit dem Apfel verwandt ist.

Arbeitskalender Apfelbaum

Mo	Pflanzung/Vermehrung	Pflege/Schnitt	Pflanzenschutz	Ernte/Verwertung
JANUAR	Ende Januar Pflanzzeit im warmen Klima, Edelreiser Winterhandveredelung im Haus	Schnee und Raureif abschütteln, Ende Januar an frostfreien Tagen mit dem Obstbaumschnitt vor allem an schwachen Bäumen beginnen	Vogelfütterung, Nistkasten anbringen und kontrollieren, Leimringe überprüfen, eventuell erneuern	Lager überprüfen, Herbstobst auslagern; Most abziehen
FEBRUAR	Edelreiser feucht halten, Reiserveredelung mit Geißfußpfropfen, Pflanzung	Baumschnitt	Krebswunden ausschneiden	Frühwinterobst auslagern
MÄRZ	Pflanzung, Geißfußpfropfen und Kopulation	Baumschnitt an triebigen Bäumen, Mulchdecken entfernen zur schnelleren Bodenerwärmung	Wühlmäuse fangen; Krebswunden ausschneiden	Winterobst auslagern
APRIL	Pfropfen hinter die Rinde	Triebige Jungbäume schneiden, Fruchtbarkeitsgürtel bei nicht tragen wollenden Bäumen anlegen	Austriebsspritzung mit Rapsöl (Problembäume des Vorjahrs); wenn nötig, Frostspanner mit Bacillus thuringiensis bekämpfen	Spätwinteräpfel auslagern
MAI	Pfropfen hinter die Rinde, Veredelungsverbände lockern	Baumscheiben mulchen, bei Trockenheit gießen, da höchster Wasserbedarf, Neupflanzungen feucht halten	eventuell auftretenden Blattlausbefall behandeln, Leimringe kontrollieren	letzte Äpfel auslagern, Keller reinigen
JUNI	Veredelungsverbände und Wildtriebe entfernen	Baumscheiben lockern, Bewuchs entfernen, Formieren an Jungbäumen	Mehltaubefallene Triebe entfernen; mit Granuloseviren spritzen, gegen Ende des Monats Apfelbäume schütteln und abgefallene Früchte tief in Kompost eingraben (gegen Apfelwickler)	

Arbeitskalender Apfelbaum

Mo	Pflanzung/Vermehrung	Pflege/Schnitt	Pflanzenschutz	Ernte/Verwertung
JULI	Ab Mitte des Monats Veredelung durch Okulation und Reiserveredelung hinter die Rinde	Baumscheiben bewachsen lassen, ev. Mulch entfernen (vermeiden von Stippe)	Mehltaubefallene Triebe entfernen, Moniliafrüchte sammeln und im Kompost vergraben	Frühäpfel ernten und verwerten
AUGUST	Anfang des Monats Veredelung durch Okulation, Reiserveredelung hinter die Rinde	vorgezogener Winterschnitt	Anfang bis Mitte August Spritzungen mit Granuloseviren gegen Apfelwickler	Frühobst ernten und verwerten
SEPTEMBER	Reiserveredelung mit Geißfuß und Kopulation	Vorgezogenen Winterschnitt bei abgeernteten Bäume durchführen	Moniliabefallene Früchte entfernen	Herbstsorten ernten und einlagern/ verwerten
OKTOBER	in warmen Lagen Herbstpflanzung durchführen		Moniliabefallene Früchte entfernen, Wühlmäuse bekämpfen, Leimringe zur Bekämpfung von Frostspannern anlegen	Wintersorten ernten und einlagern/ verwerten, Mostpressen
NOVEMBER	Anfangs des Monats noch Pflanzen	Mulch auf Baumscheiben aufbringen	Moniliamumien aus den Bäumen entfernen, beblätterte Triebspitzen entfernen (zur Schorfbekämpfung) und kompostieren	Saft und Mosterzeugung, für rasche Abkühlung des Kellers sorgen – lüften in kalten Nächten
DEZEMBER		Stämme putzen und Kalkanstrich durchführen	Wildverbissschutz anbringen	Most und Lager kontrollieren

Bäume, die nicht tragen wollen

Wenn Apfelbäume trotz einiger Jahre Standzeit keine Früchte ausbilden, kann es dafür vier Gründe geben:

1. Der Baum ist noch nicht im ertragsfähigen Alter
2. Unsachgemäßer Schnitt und Pflege
3. Fehlen einer Befruchtersorte
4. Schlechtes Blühwetter

1. DER BAUM IST NOCH NICHT IM ERTRAGSFÄHIGEN ALTER Daher ist in einem solchen Fall zuerst festzustellen, ob der Baum blüht. Ist dies nicht der Fall, ist der Baum noch in der Jugendphase. Mit 8 Jahren sind viele Sorten, wenn sie auf Sämling veredelt sind, noch nicht in der Ertragsphase. Man kann solche Bäume durch das Anlegen eines »Fruchtbarkeitsgürtels« oder durch »Ringeln« früher zum Blühen und Fruchten bringen. Das »Ringeln« sollte dabei einem Profi überlassen werden.

ANBRINGEN EINES FRUCHTBARKEITSGÜRTELS

Einen ca. 10 cm breiten Blechstreifen am Rand alle 3 cm etwa 1 cm tief einschneiden und die so entstandenen Laschen etwas aufbiegen. Diese Manschette wird im Winter am Stamm des Baumes angebracht und mit zwei dicken Drähten festgezogen. Da der Baum in die Dicke wächst, schnürt die Manschette ein. Durch den entstehenden Druck des Blechs wird der Saftstrom von den Blättern zur Wurzel behindert und die Wurzel dadurch schlechter ernährt. Dadurch wird die ganze Kraft in die Krone gesteckt und dies führt zu Blütenknospenbildung.

Der Stammaufbau

DER STAMM besteht aus drei Geweben. Im Inneren befindet sich der Holzteil. Seine Aufgabe ist es, Wasser und Nährsalze von den Wurzeln zu den Blättern zu transportieren. Außen befindet sich die Rinde oder der Bastteil, dessen Aufgabe es ist, Assimilate, die in den Blättern gebildet werden, zur Wurzel zu befördern. Wird dieser Assimilatestrom auf Dauer unterbunden – wie durch Hasenverbiss – gehen die Wurzeln zugrunde, da sie keine Nahrung mehr erhalten. Nicht zu verwechseln mit der Borke, die im Volksmund meist Rinde genannt wird. Zwischen Holz und Bastteil befindet sich das Kambium, eine teilungsfähige Zellschicht, verantwortlich für Dickenwachstum und Wundverheilung. Es befindet sich dort, wo sich im Frühjahr bei vielen Bäumen die Rinde leicht abschälen lässt. Sie ist nicht zu verwechseln mit der Borke, die im Volkmund oft Rinde genannt wird.

DIE GLEICHE WIRKUNG HAT DAS RINGELN: Dabei wird im Frühjahr (Mai/Juni) ein schmaler Rinden- bzw. Baststreifen von 2 bis 3 cm Breite vom Holz gelöst. Die Wunde heilt in der Regel bis zum Jahresende wieder zu.

In der Siedlungsgeschichte Mitteleuropas wurden im Mittelalter die Neusiedlungsgebiete in den Laubwäldern oft durch »Schwenden« der Gehölze gewonnen. Darunter versteht man das Entrinden der Bäume. Gegenüber dem Fällen hatte dies den Vorteil, dass der Wurzelstock abgetötet wurde, während beim Fällen meist Stockausschläge zu erwarten sind. Für den Obstliebhaber ist daraus zu lernen: Wenn ein Baum auf einer größeren Länge rund um den Stamm entrindet wurde (z.B. durch Hasenverbiss), ist es besser, diesen knapp oberhalb der Veredelungsstelle zurückzusägen. Aus dem Stockausschlag lässt sich rasch wieder ein neuer Baum ziehen, ohne diese Maßnahme jedoch ist er todgeweiht. Eine andere Lösung des Problems wäre eine »Überbrückungsveredelung«. Dabei wird die Wunde einfach durch Edelreiser, die an beiden Seiten der Schadstelle hinter die Rinde gepfropft werden, überbrückt.

Wenn Apfelbäume keine oder wenige Früchte ausbilden, kann neben zu geringem Alter auch falscher Schnitt, das Fehlen einer Befruchtersorte oder schlechtes Blühwetter die Ursache sein.

2. UNSACHGEMÄSSER SCHNITT UND PFLEGE Wird ein Baum ständig stark geschnitten, so bleibt er in der Jugendphase und blüht nicht. Die Lösung des Problems liegt auf der Hand. Auch übermäßige Stickstoffdüngung kann zu einer Verzögerung des ersten Ertrags führen.

3. FEHLEN EINER BEFRUCHTERSORTE Wenn der Baum blüht, trotzdem aber keine Früchte trägt, ist meist das Fehlen einer geeigneten Befruchtersorte der Grund. Apfelbäume sind meist selbstunfruchtbar. Ein Einzelbaum muss also einen Partner haben, mit dessen Pollen er bestäubt wird. Beim Apfel gibt es dabei in der Regel die wenigsten Probleme. Im verbauten Gebiet steht meist in der Nähe irgendwo ein Baum einer anderen Sorte, die als Befruchter geeignet ist. Ist man allerdings der einzige »Naturgärtner« in einer größeren Siedlung, der etwas anderes im Garten möchte als nur Rasen und Thujen, oder wohnt man abgelegen, kann das Problem dennoch auftreten. Man pflanze oder veredle daher eine geeignete Befruchtersorte dazu. Auskunft über geeignete Befruchtungspartner geben Obstenzyklopädien oder gute Baumschulen.

4. SCHLECHTES BLÜHWETTER

Schlechtes Blühwetter kann der Grund für mehrjährig ausbleibende Erträge sein.

Ein Faktor ist der Blütenfrost, aber auch kühles, feuchtes und windiges Wetter hemmt den Bienenflug und bringt damit Probleme bei der Befruchtung mit sich.

Der richtige Schnitt

Der richtige Schnitt von Obstbäumen soll eine optimale Baumkrone und damit guten Ertrag gewährleisten. Wie genau der richtige Schnitt auszusehen hat, ist immer wieder Gegenstand fachlicher Diskussionen. Tatsache ist, dass man sich als Hobbygärtner die wichtigsten Schnittregeln besser praktisch als theoretisch, also bei einem Schnittkurs draußen im Garten, erklären lässt. Die Anwendung am Baum im eigenen Garten ist ein Lernprozess über Jahre, bei dem die Reaktion des Baumes auf die gesetzten Schnittmaßnahmen konsequent beobachtet werden sollte.

Warum Bäume schneiden?

Leben und leben lassen: Im naturnahen Garten zählt nicht die Quantität der Apfelernte, sondern der ökologische Grundgedanke.

Wir sollten uns bei Schnitt und Pflege der Obstbäume im Hausgarten immer ihrer drei Funktionen bewusst sein:

- obstbaulicher Wert
- ästhetischer Wert
- ökologischer Wert

Ein Eingriff, der also aus obstbaulichen Gesichtspunkten der richtige wäre, ist nicht notwendigerweise der beste. Denken wir etwa an alte, über Jahre ungepflegte Bäume, die ihrem natürlichem Wuchs folgend häufig sehr hohe und ausladende Kronen gebildet haben. Aus der Sicht des Intensivobstbaus ist das nicht erwünscht, da die Früchte schwer oder nicht erreichbar sind. Vom Ertragsstandpunkt aus kann die Krone in diesem Fall nur drastisch zurückgeschnitten werden. Vom ästhetischen Standpunkt her ist der Baum dadurch »verstümmelt«, sein malerischer Wuchs geht für immer verloren.

SCHNITT MIT MASS UND ZIEL

Oder nehmen wir einen morschen, innen ausgehöhlten Apfelbaum, der kaum noch Früchte trägt: Bleibt hier nur noch die Axt? »Solche Brutstätten für Krankheiten und Schädlinge gefährden die Umgebung, und der Baum nimmt doch nur Platz weg«, wird wohl der erste Gedanke gelernter Obstbauern sein.

Doch wie sieht die ökologische Sichtweise aus? Der hohle Baumstamm ist wirklich eine Brutstätte – und zwar für alle möglichen Vogelarten wie Meise, Specht und Steinkauz – allesamt Gäste im Obstgarten, die auch obstbaulich Denkende gerne sehen sollten: Sie helfen, gewisse Schädlinge wie Apfelwickler und auch die Wühlmaus in einem erträglichen Rahmen zu halten. Das gleiche gilt auch für das Totholz im Baum, das landläufig gerne entfernt wird, weil der Baum sonst »unordentlich« aussieht oder eben Schädlinge anzieht. Doch weit gefehlt. Totholz soll, solange es keine Gefährdung darstellt, durchaus am Baum bleiben. Vor allem stärkere, morsche Äste sind ein Schlaraffenland für Baumläufer, Specht und Kleiber. Und was sich an Pilzen und Insekten auf Totholz aufhält, befällt in der Regel nicht das lebende Holz. Geschnitten sollte der Baum dort werden, wo er noch lebt!

Wenn man einen Obstbaum vor allem zur Zierde im Garten hat und die Qualität der Früchte nicht so wichtig ist, dann braucht man kaum zu Säge und Schere zu greifen. Viele Apfelsorten wie etwa 'Gravensteiner', 'Galloway Pepping' oder 'Boskoop' bauen auch bei minimalem Schnittaufwand schöne stabile Kronen aus.

Beim Pflanzen von wurzelnackter Ware sollte man trotzdem schneiden, denn beim Ausgraben der Bäume in der Baumschule gehen Wurzeln verloren. Der Pflanzschnitt gleicht das Verhältnis von Wurzelmasse zu Blattwerk aus (Vorgangsweise für Pflanzschnitt siehe Seite 42 und 43).

Die Entwicklung eines ungeschnittenen Baumes: Die oberen Äste beschatten die unteren Kronenpartien, sodass diese verkahlen und nur noch wenige geschmacksleere Schattenfrüchte produzieren. Das junge Holz und damit die besten, besonnten Früchte findet man an der Spitze des Baumes.

Die unteren Kronenteile sind verkahlt – hier wachsen nur mehr geschmacklose, kranke Schattenfrüchte.

Die wichtigsten pflegenden Schnittmaßnahmen

Wer möglichst viel geschmackvolles, gesundes Obst ernten will, kommt am regelmäßigen Schnitt der Krone nicht vorbei. Ziel dabei ist, mittels

- **ERZIEHUNGSSCHNITT** ein stabiles und gut belichtetes Kronengerüst zu erreichen
- **ERHALTUNGSSCHNITT** jährlich hohe Erträge bei guter Qualität zu erzielen
- **VERJÜNGUNGSSCHNITT** zu große Kronen zu verkleinern
- **SCHNITT VERNACHLÄSSIGTER ODER FALSCH GESCHNITTENER KRONEN:** ungepflegte, schlecht tragende Bäume wieder zu höherem Ertrag bzw. zu ansprechender Fruchtqualität zu bringen.

TIPP **Obstbäume zu schneiden lernt man über Jahre, in denen Schnittmaßnahmen und die Reaktion des Baumes darauf beobachtet werden. Dabei kann als Regel gelten: Lieber mit sanften Eingriffen beginnen – mehr wegschneiden kann man in den Folgejahren immer noch.**

Das richtige Werkzeug

SCHEREN ↝ Der Ankauf einer guten Baumschere lohnt sich – schließlich kann man sie ein ganzes Leben lang verwenden. Manche Firmen bieten mehrere Modelle und auch Scheren für Linkshänder an. Zwei Scherentypen sind dabei in Bezug auf das Schnittprinzip zu unterscheiden: der Typus mit Gegenschneide, der wie herkömmliche Scheren schneidet, und Ambossscheren, bei denen eine Schneide auf einen Amboss drückt. Bei diesen Modellen ist der Kraftaufwand beim Schneiden zwar geringer, die Triebe werden jedoch stärker gequetscht. Sie sind daher für empfindliche Obstarten (Marille, Kirsche) und den Schnitt an der Stammbasis zweite Wahl.

Astscheren sollten nicht zum Entfernen von stärkeren Trieben in Stammnähe verwendet werden, da sie schlecht verheilende Wunden hinterlassen. In solchen Fällen sollte man besser zur Säge greifen. Im äußeren Kronenbereich und beim Zerkleinern des Schnittguts leisten sie jedoch gute Dienste.

Gerade bei großen Baumformen bewähren sich »Raupenscheren«. Das sind Scheren mit Seilzügen, die auf Stangen montiert werden können. Der Fruchtholzschnitt und das Entfernen von kleineren Überbauungen können damit problemlos vom Boden durchgeführt werden. Bei vielen Produkten können die Stangen, die meist bis zu 4m ausfahrbar sind, gleichzeitig für Säge und Pflückkorb verwendet werden.

SÄGEN ↝ Für die meisten Sägeschnitte am Baum sind Fuchsschwanzsägen gut geeignet. Für die Arbeit mit der Stange sind Sägen mit gekrümmter Schnittfläche besser geeignet als solche mit geradem Sägeblatt. Wichtig beim Kauf einer Stangensäge ist es auch, auf eine entsprechende Festigkeit des Blattes zu achten. Manche Produkte beginnen bei der Arbeit auf der Stange stark zu »flattern«, was das Sägen zur Mühsal macht. Ausführungen mit einem Haken vorne leisten beim Herausziehen abgeschnittener Äste gute Dienste.

An unzugänglichen Stellen wie Astgabeln braucht man mitunter das verstellbare Sägeblatt einer Bügelsäge.

Sehr praktisch sind Klappsägen, die sich in der Hosentasche verstauen lassen. Sie weisen meist einen besonderen Schliff auf (»Zugsägen« oder »Japanische Sägen«), der schnelles Arbeiten und eine besonders saubere Schnittfläche ermöglicht. Bei größeren Ästen

sind sie jedoch fehl am Platz. Beim Umgang mit Klappsägen sollte man Folgendes beachten: Sie sind äußerst scharf und selbst die kleinste Berührung führt zu Verletzungen (Handschuhe!). Sie verbiegen sich und brechen leicht.

Schnittwerkzeuge sollte man nach jedem Baum mit Spiritus desinfizieren oder mit der Lötlampe kurz Abflammen, um eine Übertragung von Krankheiten zu vermeiden.

Wie wird geschnitten?

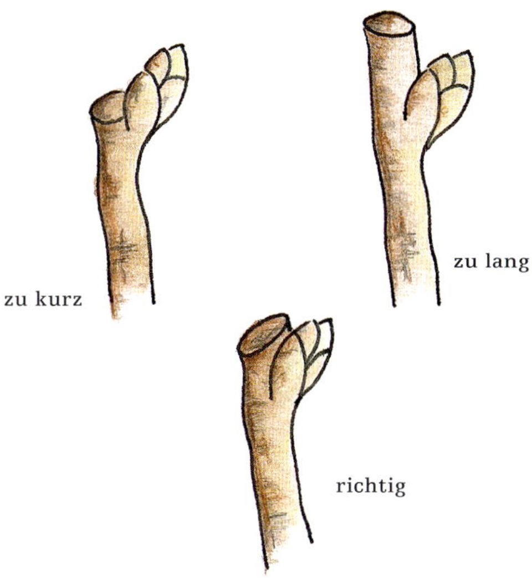

Schnitt einjähriger Triebe
Dünne, einjährige Triebe werden leicht schräg oberhalb einer nach außen gerichteten Knospe geschnitten. Dabei sollte kein langer Stummel stehen bleiben, der die Wundheilung behindert, der Schnitt aber auch nicht zu schräg geführt werden – das würde zum Absterben der Knospe führen.

Schnitt auf einen Astring
Äste werden mehr oder weniger senkrecht zu ihrer Wuchsrichtung am Stamm weggeschnitten. Der für die Wundheilung wichtige Astring soll nicht weggeschnitten werden.

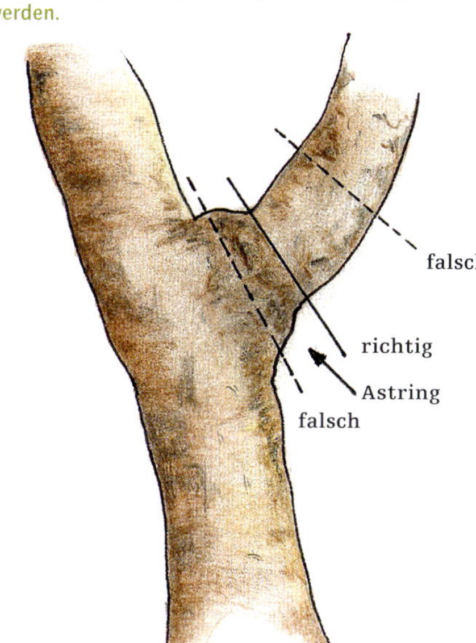

DÜNNE, EINJÄHRIGE TRIEBE werden immer leicht schräg oberhalb einer nach außen gerichteten Knospe geschnitten. Dabei ist darauf zu achten, dass einerseits kein langer Stummel stehen bleibt, der die Wundheilung behindert, und der Schnitt andererseits nicht zu schräg geführt wird, was zum Absterben der Knospe führt.

ÄSTE werden mehr oder weniger senkrecht zu ihrer Wuchsrichtung am Stamm weggeschnitten. Der für die Wundheilung wichtige Astring soll nicht weggeschnitten werden. In diesem befindet sich nämlich Abschottungsgewebe, das den Baum vor Krankheiten schützt. Um dem Baum eine rasche Heilung der Wunde zu ermöglichen, dürfen weder »Huthaken« stehen bleiben, noch sollte die Schnittfläche unnötig groß sein. Wenn waagrechte Äste auf mehr oder weniger lotrecht stehende Verzweigungen zurückgenommen werden, erfolgt die Schnittführung in einer Linie mit dem Ast, auf den abgesetzt wird. Äste sollten immer bei Verzweigungen abgeschnitten werden, die Wunde soll »im Saftstrom« liegen. Günstig für die Wundverheilung ist dabei, wenn der Ast,

TIPP **Große Wunden am Stamm sollten vermieden werden, meist ist es besser, einen störenden Ast am Baum zu belassen und weiter draußen in der Krone so abzusetzen, dass er den Kronenaufbau nicht stört. Schnittwunden sind immer willkommene Eintrittspforten für holzzerstörende Pilze und bei Wunden am Stamm besteht die Gefahr, dass der Stamm geschädigt wird und somit die Stabilität des ganzen Baums auf dem Spiel steht. Setzt man in der Krone ab, hat der Baum eher die Chance, den Schaderreger abzuschotten.**

auf den abgesetzt wird, mindestens ein Viertel der Dicke des abgeschnittene Ast aufweist.

Um zu verhindern, dass der Ast durch sein Eigengewicht in die Tiefe gezogen wird und dabei die Rinde am Stamm oder Ast aufreißt, sollte er während des Absägens mit einer Hand abgestützt werden. Beim Abtrennen eines stärkeren Astes ist die Gefahr, den Stamm aufzureißen, besonders groß. Daher wird in mehreren Arbeitsschritten vorgegangen: Im ersten Schritt wird der Ast etwa einen halben Meter von der Astgabel entfernt von unten angeschnitten, bis die Säge »klemmt«. Danach wird er ein paar Zentimeter weiter außen von oben abgeschnitten. Erst dann wird der verbleibende Rest mit einem einzigen, sauberen Schnitt entfernt.

WUNDVERSCHLUSS Ein Abdecken mit Baumwachs oder anderen Wundverschlussmitteln ist erwiesenermaßen nicht erforderlich, tendenziell sogar schädlich, weil durch das dichte Verschließen optimale Feuchtbedingungen für Pilze geschaffen werden.

Waagrechte Wunden am Baum sollten nach Möglichkeit vermieden werden, in ihnen bleibt das Wasser stehen. Dies kann zu Holzfäule führen. Sind große, waagrechte Schnittflächen am Baum unvermeidlich, kann es sinnvoll sein ein »Dach« darüber zu bauen, damit das Wasser ablaufen kann.

Steil stehende Triebe bringen wenig Blütenbildung, flacher wachsende bilden mehr Kurztriebe mit Blütenknospen aus.

Der Lebenszyklus eines Baumes

Alle Pflanzen durchleben bestimmte Entwicklungs- oder Altersphasen: Während der **JUGENDPHASE** bringen Bäume noch keine Früchte hervor, sind aber durch starkes, steil aufgerichtetes und wenig verzweigtes Wachstum gekennzeichnet. Mit der Bildung der ersten Blütenknospen erreicht der Baum die **ERTRAGSPHASE**, normalerweise die längste Phase seines Lebens. Das Wachstum der Krone verlagert sich in die Breite, es kommt zu verstärkter Verzweigung und das Höhenwachstum nimmt ab. Gegen Ende der Ertragsphase wird das Triebwachstum immer geringer, die Fruchtbildung überwiegt. In der **ALTERS- ODER ABGANGSPHASE** beginnen erst einzelne Äste, später ganze Astpartien und schließlich der Baum abzusterben. Die Dauer der einzelnen Phasen ist sowohl von der Sorte als auch der Unterlage abhängig. So treten Apfelbäume der heutigen Marktsorten auf den schwach wachsenden Unterlagen oft schon im zweiten Standjahr in die Ertragsphase. Dagegen braucht die 'Goldrenette von Blenheim' – sie wird im Volksmund auch Faulenzer genannt – auf Sämling veredelt manchmal bis zu 15 Jahre bis zum ersten Äpfelchen. Während es Birnbäume auf stattliche 300 Jahre bringen, sind Apfelbäume mit hundert Jahren schon sehr alt.

SCHNITTMASSNAHMEN JE NACH ALTERSPHASE Jede dieser Phasen bedingt unterschiedliche Schnittmaßnahmen. In der Jugendphase soll der Grundstock für eine günstige Kronenentwicklung gelegt und der Baum möglichst rasch in die Ertragsphase gebracht werden. In der Ertragsphase liegt das Ziel des Schnittes in einer ausgeglichenen Frucht- und Triebbildung, in der Verhinderung von Alternanz* und in der Erhaltung einer günstigen Kronenstruktur. Außerdem soll durch den Erhaltungsschnitt die Altersphase möglichst lange hinausgezögert werden. Sachgemäß durchgeführter Obstbaumschnitt erhöht die Lebenserwartung des Obstbaumes.

* Unter Alternanz wird der Wechsel von Frucht- und Triebjahren verstanden – der Baum trägt nur jedes zweite Jahr. Sie ist von Sorte, Baumalter und Pflegezustand abhängig und tritt stark z.B. bei 'Gravensteiner', 'Boskoop', 'Ontario', 'Glockenapfel' auf.

Gesetzmäßigkeiten des Triebwachstums

Durch Schnittmaßnahmen kann man die Entwicklung eines Obstbaumes gezielt beeinflussen und lenken.

Folgende Grundsätze sind dabei zu beachten:

- **DAS PRINZIP DER SPITZENFÖRDERUNG UND OBERSEITENFÖRDERUNG** Die am höchsten stehenden Knospen eines Triebes oder Baumes erhalten den meisten »Saft« und treiben daher am stärksten durch. Tiefer stehende Knospen treiben deutlich schwächer aus oder verbleiben als »schlafende Augen« im Ruhezustand. Gleiches gilt für die Krone insgesamt: Die höchsten, obersten und steil aufgerichteten Triebe treiben stärker als untergeordnete oder flachere Triebe.

- **TRIEBSTELLUNG** Steil stehende Triebe bedingen eher vegetatives Wachstum, das heißt reines Blatt- und Triebwachstum, wenig Blütenbildung. Wächst ein Trieb flacher oder wird waagrecht gebunden, treiben alle Knospen gleich stark bzw. schwach, die Triebkraft wird verteilt. Dies fördert die Ausbildung von Kurztrieben mit Blütenknospen.

  In der Praxis bedeutet das: Junge, triebige Bäume und Kronenteile (die oberen Astpartien) schneidet man auf flach stehende Triebe, während alte, schwach treibende Bäume und die tiefer liegenden Äste auf aufrecht stehende Triebe zurückgekürzt werden.

- **WACHSTUM ODER ERTRAG?** Oft hört man den Satz: Ich habe den Baum im Winter so stark geschnitten, und jetzt treibt er erst wieder wie verrückt. Diese Beobachtung spiegelt eine der Gesetzmäßigkeiten beim Obstbaumwinterschnitt wider:
  - kurzer Schnitt, starker Rückschnitt = Schnitt auf Wachstum,
  - langer Schnitt (die Triebe werden lang gelassen), mäßiger Rückschnitt = Schnitt auf Ertrag.

ACHTUNG Der Schnitt im Winter regt das Triebwachstum an, durch einen Sommerschnitt wird es gebremst. Einen zu triebigen Baum sollte man daher besser im August schneiden.

JEDER BAUM IST EIN INDIVIDUUM

Der Schnitt soll eine Reaktion auf den Baumzustand sein und mit Bedacht überlegt werden:

Meterlange Jahrestriebe deuten auf einen jugendlichen Baum hin. (Manche Sorten zeichnen sich durch enorme Triebkraft auch noch im Alter aus). In diesem Fall sollte nur das Nötigste nach dem Austrieb geschnitten werden. Durch waagrechtes Binden von Trieben wird versucht, die ersten Erträge früher herbeizuführen. Die Wüchsigkeit ist nicht nur von Sorte und Unterlage abhängig, sondern natürlich auch von Nährstoffgehalt und Wasserführung des Bodens. Auf sehr guten, entsprechend feuchten Böden hat man gerade beim Erziehungsschnitt häufig seine liebe Not, weil der Baum stark »ins Holz« geht, auf mageren Böden stellt sich diese Problem oft gar nicht und man muss von Anfang an trachten, die Wüchsigkeit zu erhalten.

Jahreszuwächse von ein paar Zentimetern deuten auf Vergreisung hin. Ein stärkerer Rückschnitt und sorgfältige Bodenpflege scheinen angebracht. Bei jungen Bäumen ist der Stamm- und Wurzelbereich auf Schäden als Ursache der Vergreisung zu untersuchen (Frostrisse, Obstbaumkrebs, Pilzkörper, mechanische Schäden, Bodenverdichtungen, Trockenschäden, Wühlmäuse). Gegebenenfalls müssen Sanierungsmaßnahmen ergriffen werden. Oft sieht man auch kleine Bäume mit Vergreisungserscheinungen – kaum Jahreszuwachs und viel Blütenknospenansatz. Dabei ist meist die verwendete Unterlage die Ursache: Spindelbuschbäume auf schwach wachsenden Unterlagen brauchen offenen Boden und jährlichen Schnitt, um nicht zu vergreisen.

Zwei Schnittziele sind zu unterscheiden: Starker Rückschnitt (Triebe werden stark eingekürzt) fördert das Wachstum. Mäßiger Rückschnitt (Triebe werden lang gelassen) ist ein Schnitt auf Ertrag.

Wann wird geschnitten?

WINTERSCHNITT Der Winterschnitt fördert das Wachstum umso stärker, je kräftiger und früher geschnitten wird.

Es kann von Januar weg bis zum Austrieb geschnitten werden. Bei starkem Frost sollte nicht geschnitten werden. Gefrorene Äste und Triebe lassen sich mit Schere oder Säge nur mühsam schneiden und sind auch spröder und brüchiger, es besteht größere Gefahr des Astbruchs. Die Monate November und Dezember sind ungünstig, da der Baum sich in dieser Zeit nicht gegen das Eindringen von Krankheiten wehren kann, er befindet sich in absoluter Winterruhe.

Je später man im neuen Jahr schneidet, desto schwächer wird der Austrieb, da der Baum schon viel Saft in die Krone gesteckt hat, der durch den Schnitt entfernt wird. Alte Bäume, deren Triebwachstum schon stark nachgelassen hat, sollten daher möglichst zeitig, im Januar, junge, kaum zu bändigende Bäume dagegen spät, im April, geschnitten werden.

SOMMERSCHNITT Der Sommerschnitt dient als Wuchsbremse.

Walnuss, Kirsche, Marille (Aprikose) sollten im August geschnitten werden, da sie empfindlich auf Schnittmaßnahmen reagieren und die Wundverheilung zu dieser Zeit besser ist. Aber auch Apfelbäume können im Sommer geschnitten werden, vor allem bei Spalieren ist ein Sommerschnitt unumgänglich. Bei der Sorte 'Gravensteiner' verringert ein Schnitt im Sommer zur Erntezeit die Alternanzneigung. Man spricht beim Schnitt im Spätsommer ab August auch von vorgezogenem Winterschnitt. Er ist aus der Sicht der Baumgesundheit dem Winterschnitt vorzuziehen, hat allerdings den Nachteil, dass man die Krone nicht so gut überblicken kann wie im Winter. Bei nicht zu bändigenden Jungbäumen und nach radikalen Rückschnitten ist der Sommerschnitt jedoch das Mittel der Wahl.

TIPP **Bäume, die nur jedes zweite Jahr tragen (= Alternanz), sollen im Winter vor dem Tragjahr stark geschnitten werden, vor dem Ruhejahr aber wenig bis gar nicht. Jahrelange Ertragsausfälle können sonst die Folge sein.**

SCHNITT IM EINKLANG MIT DEN PHASEN DES MONDES Es ist (wieder) modern geworden, sich in vielerlei Lebensbereichen an Mondphasen und dem Stand der Gestirne zu orientieren. Auch beim Obstbaumschnitt werden diese Einflüsse gern berücksichtigt. Wie sieht es nun damit aus? Es gibt keinen wissenschaftlichen Nachweis, der den Einfluss des Mondes auf das Baumwachstum bestätigen würde. Das heißt natürlich nicht, dass man ihn deshalb in Abrede stellen sollte, und es wäre vermessen, zu behaupten, es gäbe ihn nicht. Der Mond bestimmt die Gezeiten und hat mannigfachen Einfluss auf Mensch und Natur – warum sollte er nicht auch Pflanzen beeinflussen?

Zweifelsohne hat jedoch die Sonne einen ungleich größeren Einfluss auf die Pflanzen. Die kürzer werdenden Tage im Herbst bewirken Blattfall und das Einziehen des Saftes in die Wurzel, während die länger werdenden Tage gepaart mit dem Ansteigen der Temperatur das Aufsteigen des Saftes in die Krone mit sich bringen.

Jedermann kann ab Ende Januar selbst den Versuch machen, einen Obstbaum zu verschiedenen Witterungsbedingungen zu schneiden: nach zwei Wochen mit warmem, mildem Wetter und Temperaturen über 10 °C zum Beispiel. Wir werden den Baum voll im Saft finden, die Wunden werden feucht sein, unabhängig vom Stand des Mondes. Oder nach zwei Wochen mit Temperaturen unter dem Gefrierpunkt: Die Wunden werden trocken bleiben. Mit anderen Worten: Die momentane Witterung vor und zum Schnittzeitpunkt hat in jedem Fall größeren Einfluss auf die Wirkung von Schnittmaßnahmen als der Stand des Mondes. Zudem wird in zahlreichen Publikationen nahegelegt, dass man nur bei abnehmenden Mond schneiden solle, weil der Saft da in der Wurzel sei und der Baum so nicht geschwächt werde. Solche Aussagen berücksichtigen die obstbauliche Komponente des Schnitts nicht: Wären sie zutreffend, müsste man dennoch einen jungen, nicht zu bremsenden und nicht tragen wollenden Baum gerade bei Vollmond schneiden, um eine Wuchsbremse und Erträge zu erzielen.

Erhaltungsschnitt bei einem Halbstamm: Die etwa 10 Jahre alte Krone hat sich gut entwickelt und besteht aus Mitteltrieb und 3 Seitenästen.

Nach dem Schnitt Es wurden lediglich kroneneinwärts wachsende und zu dicht stehende Triebe entfernt sowie die »Saftwaage« korrigiert.

Kronenformen und Schnittarten

Im Obstbau haben sich im Laufe der Jahrhunderte mannigfache Erziehungsformen entwickelt – von strengen Schnurbäumen (Kordons) über verschiedene Heckenformen, wie sie im Intensivobstbau üblich sind, bis hin zur Pyramidenkrone und Hohlkrone. Im Folgenden wird auf die wichtigsten Erziehungsformen für den Hausgarten eingegangen.

Schnitt mittelgroßer und großkroniger Bäume

Obstbäume, die auf stark und mittelstark wachsenden Unterlagen veredelt sind, wie etwa Hochstamm, Halbstamm, Viertelstamm und zum Teil auch Buschbäume, werden meist als Pyramidenkronen oder Hohlkronen erzogen.

PYRAMIDENKRONE ⇝ Die ideale Pyramidenkrone ist aus einem Mitteltrieb und drei oder vier möglichst gut im Raum verteilten Seitenleitästen aufgebaut. Von diesen und vom

Die ideale Pyramidenkrone

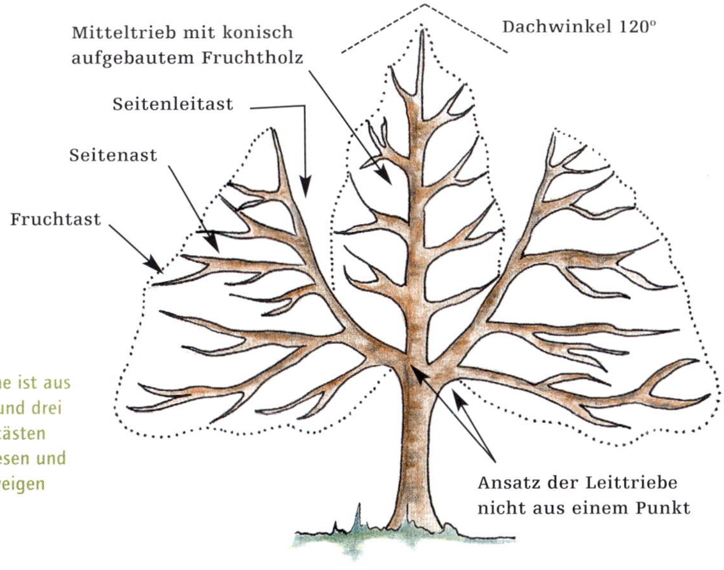

Die Pyramidenkrone ist aus einem Mitteltrieb und drei oder vier Seitenleitästen aufgebaut. Von diesen und dem Mitteltrieb zweigen Fruchtäste ab.

Mitteltrieb zweigen Fruchtäste ab. Am Mitteltrieb sollten neben den Leittrieben keine stärkeren Äste zugelassen werden. Erst 3/4 bis 1 m über der ersten Ast-Etage sollte bei besonders stark wachsenden Sorten eine zweite Serie an Leitästen aufgebaut werden. Die Kronenform gleicht einer Pyramide mit einem Dachwinkel von ca. 120°.

HOHLKRONE Im Gegensatz zur Pyramidenkrone fehlt der Hohlkrone der Mitteltrieb. Dieser wird im Zuge des Pflanzschnittes entfernt. Es verbleiben nur 3 bis 4 trichterförmig angeordnete Leitäste. Vor allem für den Pfirsich ist die Hohlkrone die übliche Erziehungsform. Aus der Sicht der Obstqualität wäre die Hohlkrone auch bei Apfel günstiger, da mehr Licht ins Kroneninnere gelangt. Zu bedenken ist allerdings, dass Hohlkronen schlecht zu beklettern sind, was gerade bei großen Bäumen von Nachteil ist.

SCHNITT VON PYRAMIDENKRONEN Die hier dargestellten Schnitttechniken bei Pyramidenkronen gelten im Prinzip auch für Hohlkronen, hier allerdings ist der Mitteltrieb wegzudenken.

PFLANZSCHNITT Beim Roden der Bäume gehen Wurzeln verloren. Dieser Verlust wird beim Pflanzschnitt in der Krone ausgeglichen. Unterbleibt der Pflanzschnitt, treiben alle Knospen aus, die daraus entstehenden Blätter verdunsten Wasser, das von den noch nicht voll funktionsfähigen Wurzeln nur unzureichend geliefert werden kann – der Baum hat Stress. Damit können wiederum keine Reserven für das nächste Frühjahr angelegt werden und der Baum kränkelt über Jahre.

Schon beim Kauf eines Baumes soll auf eine günstige Triebstellung geachtet werden – dies erleichtert spätere Schnittmaßnahmen.

VORGANGSWEISE BEIM PFLANZSCHNITT

- Man wählt einen Mitteltrieb (die Stammverlängerung) und 3 bis 4 günstig stehende Seitentriebe als künftige Leittriebe aus. Der Abgangswinkel vom Stamm sollte ca. 45 bis

Pflanzschnitt bei einer Pyramidenkrone

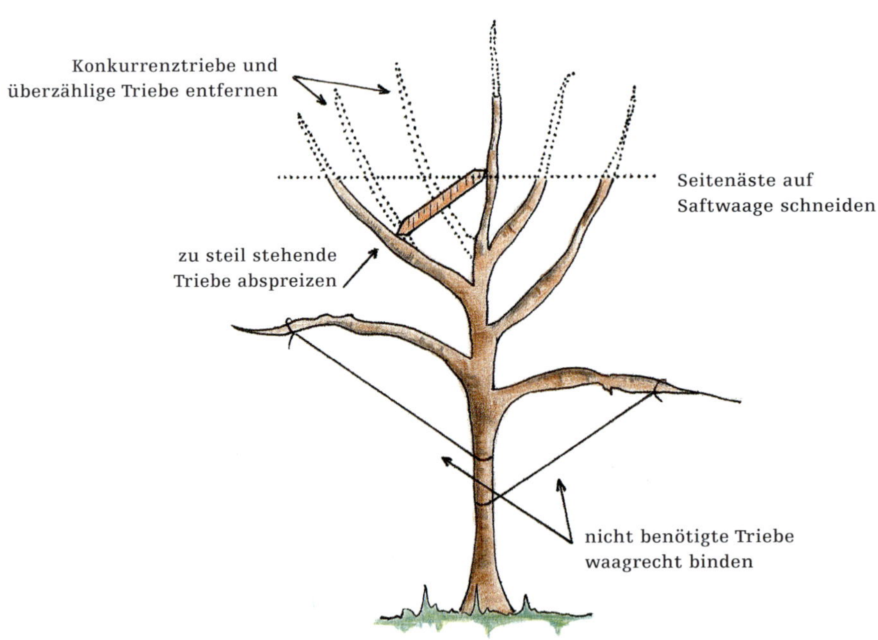

90° betragen. Seitenleittriebe, die sowohl waagrecht als auch senkrecht gleichmäßig im Raum verteilt sind, eignen sich optimal für den Kronenaufbau.

In spitzem Winkel vom Stamm abgehende Triebe sollen nicht als Kronenäste verwendet werden, da sie – etwa durch Frucht- oder Schneelast – leicht ausreißen (Schlitzäste).

- Die überzähligen Triebe werden entfernt. Bei besonderes kräftigen Bäumen oder bei Containerware kann ein Teil dieser Triebe waagrecht gebunden werden, was zu Blütenknospenbildung und damit zu früherem Ertragsbeginn führt.
- Der Mitteltrieb wird eingekürzt und kann um eine Handbreit länger als die Seitenleittriebe belassen werden.
- Zu steil stehende Triebe können durch Spreizhölzer oder durch Binden in die richtige Lage gebracht werden. Vorsicht: sehr steil stehende Triebe nicht wegspreizen und als Leittriebe verwenden, sie reißen später trotzdem leicht aus. Zu flach stehende Triebe können durch Aufbinden im Wuchs gefördert werden.
- Die Seitenleitäste werden auf Saftwaage – das heißt, alle auf gleiche Höhe – geschnitten. Rand: Triebe, die kürzer als die anderen geschnitten werden, bleiben im Wachstum zurück. Dem beugt der Schnitt auf Saftwaage vor. Beim Anschnitt der Seitenleitäste werden Augen gewählt, die nach außen gerichtet sind, um die Krone in die Breite zu ziehen und damit das Kroneninnere licht zu halten. Die Triebe werden um die Hälfte bis zu $2/3$ ihrer Länge gekürzt. Der schwächste Trieb in der Krone kann etwas länger belassen werden, um ihn im Wachstum zu stärken.
- Je später gepflanzt wird und je weniger Wurzeln vorhanden sind, desto stärker wird beim Pflanzen eingekürzt.

Erziehungsschnitt an einem Hochstammapfelbaum nach dem ersten und zweiten Standjahr

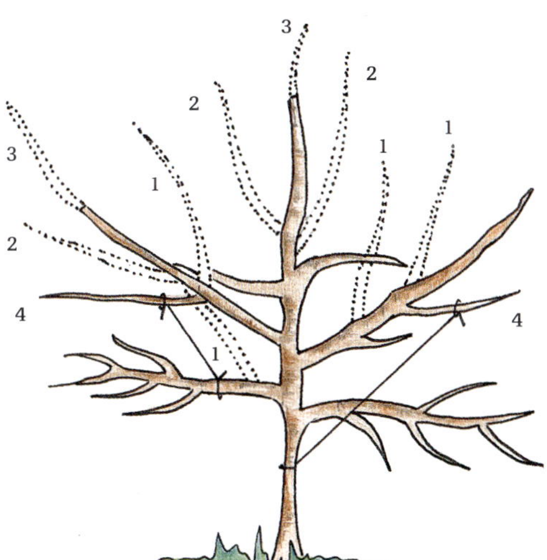

Ein Baum nach dem ersten Standjahr Kroneneinwärts stehende Triebe werden entfernt (1), ebenso die Konkurrenztriebe (2). Der Mitteltrieb und der linke Leittrieb werden eingekürzt, um die Saftwaage zu erreichen und ein übermäßiges Wachstum des Mitteltriebes zu vermeiden (3). Günstig stehende, nicht für den Kronenaufbau benötigte Triebe werden waagrecht gebunden (4).

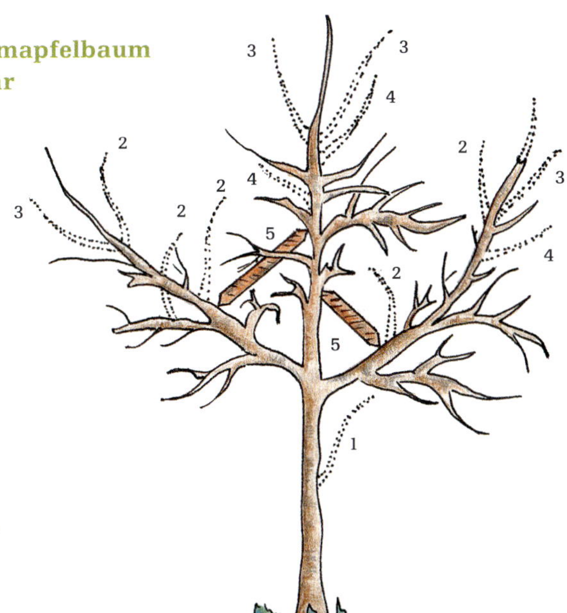

Derselbe Baum im zweiten Standjahr: Stammaustriebe (1), kroneneinwärts wachsende (2), konkurrierende (3) und zu dicht stehende Triebe (4) werden entfernt. Mit Spreizhölzern werden die Leittriebe in eine günstige Stellung gebracht (> 45° zum Mitteltrieb) (5).

ERZIEHUNGSSCHNITT Ein tragfähiges, lichtes Kronengerüst ist das Ziel des Erziehungsschnittes.

VORGANGSWEISE BEIM ERZIEHUNGSSCHNITT

- Zuerst wird »formiert«: Die Triebe werden mit Spreizhölzern, Drahtbügeln und durch Binden in die richtige Position gebracht.
- Konkurrenztriebe (sie stehen den ausgewählten Leittrieben am nächsten) werden entfernt oder zumindest eingekürzt oder waagrecht gebunden. Kroneneinwärts oder zu dicht stehende Triebe werden weggeschnitten.
- Leitäste bei Bedarf einkürzen – zum Beispiel, wenn sie nicht bleistiftstark oder zu wenig verzweigt sind. Dabei wird immer auf ein nach außen gerichtetes Auge geschnitten oder auf einen Seitentrieb abgeleitet und die Saftwaage eingehalten. Mitteltrieb und Seitenleitäste sollten ungefähr einen Dachwinkel von 120° bilden.

Ziel des Erziehungsschnitts ist es, eine klare Rangordnung zu schaffen. Das erreicht man dadurch, dass die Leitäste, die sich ja kräftig entwickeln sollen, länger belassen werden als zukünftige reine Fruchtäste (d.h. nicht für den Kronenaufbau benötigte Triebe). Den Leittrieben werden alle anderen Triebe höhenmäßig deutlich untergeordnet, also kürzer geschnitten oder heruntergebunden. Lässt man neben dem Leittrieb mehrere Triebe gleich lang, so werden in allen gleich viel bzw. wenig Wasser und Nährstoffe geleitet und sie bleiben daher schwächer. Damit entwickeln sich alle Triebe gleich stark bzw. schwach und es leidet die Stabilität des Kronenaufbaus.

Erziehungsschnitt
Baumbeurteilung: Die etwa fünfjährige Krone hat sich gut entwickelt: Drei günstig stehende Seitenleitäste und ein Mitteltrieb stehen zur Verfügung, Wachstum sortenbedingt mäßig, Verzweigung gut.

Nach dem Schnitt: Lediglich die kroneneinwärts stehenden Triebe wurden entfernt, Leitastrangordnung durch Zurücknehmen des Triebes ganz links auf tiefere Verzweigung zugunsten des Triebes im Vordergrund wiederhergestellt.

WUCHSEIGENSCHAFTEN BEIM SCHNITT BEACHTEN Gerade beim Erziehungsschnitt fallen Wuchseigenheiten verschiedener Sorten besonders auf. Während manche Sorten von Natur aus sehr kräftige Triebe bilden wie etwa 'Gravensteiner', 'Boskoop' oder 'Galloway Pepping', gibt es wiederum Sorten, die den Erziehungsschnitt durch ihre Dünntriebigkeit erschweren, wie etwa 'Jonathan', 'Summerred' aber auch 'Gelber Bellefleur' mit seinen langen Ruten. Bei diesen muss immer wieder kräftiger eingekürzt und eher auf steiler stehende Verzweigungen hin geschnitten werden. 'Berner Rosen' zeichnet sich durch mangelnde Bereitschaft zur Verzweigung bei sonst idealem Kronenaufbau aus (trotz mäßiger Triebstärke). Andere wiederum wie die Sorten 'Gloster' oder 'Kronprinz Rudolph' treiben den ambitionierten Schneider oft durch ihr ausgeprägt steiles Wachstum mit unzähligen senkrechten Ruten zur Verzweiflung. Hier soll nur maßvoll auf möglichst flach stehende Triebe geschnitten und durch Formieren möglichst schnell der Ertrag herbeigeführt werden, der das Wachstum bremst.

Wird bei der Erziehung eine zweite Ast-Etage zugelassen, ist von Beginn an darauf zu achten, dass sie die unteren Kronenteile nicht überwächst, denn diese oberen Äste sind triebbegünstigt und wachsen stärker. Es empfiehlt sich, den Mitteltrieb oberhalb der zweiten Etage herauszuschneiden um ein übermäßiges Höhenwachstum zu verhindern. Man spricht in solch einem Fall von einer Pyramidenhohlkrone.

Triebentwicklung beim Apfel

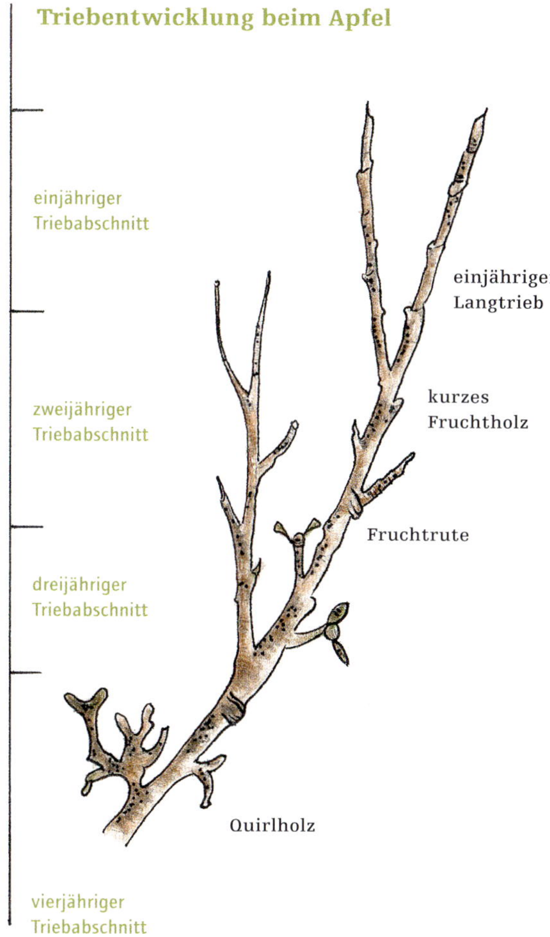

Aus den einjährigen Langtrieben entwickelt sich im nächsten Jahr kurzes Fruchtholz, auf dem in der Regel die qualitativ besten Früchte zu erwarten sind.

Bleiben die Triebe ungeschnitten, so bildet sich nach einigen Jahre Quirlholz, dessen Früchte qualitativ schlechter sind als jene vom jungem Holz.

Zweijähriger Trieb mit kurzem Fruchtholz

Wasserschosse werden am besten im Frühjahr herausgerissen.

ERHALTUNGSSCHNITT Durch ständige Erneuerung des Fruchtholzes und Lichthalten der Kronen sollen gleichmäßige, hohe Ernten bei guter Qualität erreicht werden.

Während wir es beim Pflanz- und Erziehungsschnitt nur mit einer Triebform, nämlich den einjährigen Langtrieben zu tun hatten, treffen wir bei Bäumen im Ertrag auf verschiedene Knospen- und Triebformen. Diese gilt es einmal genauer anzusehen, um zu begreifen, wie die Äpfel entstehen.

TRIEBFORMEN BEIM KERNOBST Die **einjährigen Langtriebe** beim Kernobst sind meist nur mit kleinen, dem Trieb flach anliegenden Holzknospen besetzt. Aus ihnen entwickeln sich im nächsten Jahr zum Teil wieder Langtriebe, vor allem aber kurze oder auch bis zu 20 cm lange Kurztriebe, an deren Spitzen zumeist Blütenknospen sitzen – vor allem wenn die Triebe flach stehen. Sie werden als kurzes Fruchtholz, Fruchtspieße und Fruchtruten bezeichnet. Aus diesem jungen Fruchtholz entwickeln sich in der Regel die qualitativ besten Früchte.

Bleiben die Triebe ungeschnitten, so verzweigt sich dieses Fruchtholz weiter. Jedes Jahr wächst ein immer kleiner werdendes Stück dazu, bis nach einigen Jahre Quirlholz entstanden ist. Größe und Gesundheit der Früchte vom Quirlholz ist meist schlechter als vom jungen Holz. Daher ist es Ziel des Schnittes, ein großes Maß an jungem Fruchtholz zu erzielen und das älteste Quirlholz auszulichten.

Nichts ist ohne Widerspruch: Zum einen gibt es Sorten, die erst am dreijährigen Holz fruchten, wie die 'Goldrenette von Blenheim', zum anderen beobachten viele Menschen, dass die geschmackliche Qualität der Früchte ungeschnittener Altbäume jene von »in Schuss gehaltenen« Bäumen übertrifft. Geschmack braucht wohl eine gewisse Reife. Im Hausgarten sollte daher etwas behutsamer geschnitten werden als im Intensivanbau.

Neben den einjährigen Langtrieben finden wir vor allem nach scharfen Rückschnitten auch **»Wasserschosse«** auf den Bäumen. Sie treiben direkt aus dem alten Holz und unterscheiden sich von den einjährigen Langtrieben durch längere Abstände zwischen den Knospen, die auch schlechter ausgebildet sind. Am besten werden solche Triebe im Frühsommer (Anfang Juni) bevor sie verholzen herausgerissen. Durch das Herausreißen entfernt man gleichzeitig die schlafenden Augen an der Basis des Triebes mit, sodass diese Triebe nicht wieder austreiben. Günstig stehende Wassertriebe können aber auch für die Verjüngung verwendet werden. Dazu lässt man nur einen oder zwei dieser Triebe stehen und bringt sie durch Binden in eine geeignete Position. Durch einen Rückschnitt im Sommer erreicht man eine bessere Verzweigung und Ausbildung der unteren Knospen.

Beispiel Fruchtholzerneuerung

Fruchtholzerneuerung

Durch die Fruchtlast abgeneigte Kronenteile werden beim Erhaltungsschnitt auf steil stehende Triebe abgeleitet.

Beispiel Erhaltungsschnitt

Erhaltungsschnitt

Im oberen Astbereich ist das Triebwachstum am stärksten (Gesetz der Spitzenförderung). Dort wird eher auf flach stehende Triebe geschnitten um verringertes Wachstum und mehr Blütenbildung zu erreichen. In den unteren Astabschnitten wird getrachtet, durch Absetzen auf steil stehende Triebe Neuzuwachs und Fruchtholzerneuerung zu erzielen.

Beispiel Fruchtholzverjüngung an einem Trieb

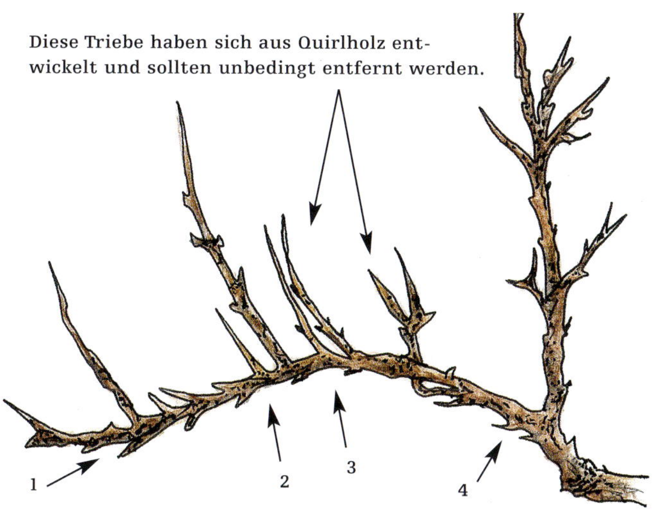

Die Abbildung zeigt einen Triebabschnitt, der durch die Last der Früchte schon herabgeneigt ist. Es ist an der Zeit, Fruchtholzverjüngung durchzuführen: Bei 1 abzusetzen wäre eine sanfte Maßnahme, 2 und 3 würden in diesem Fall entfernt. Bei 2 und 3 zu schneiden ist der Mittelweg, wird bei 2 weggeschnitten, muss 3 entfernt werden. Bei 4 wird zurückgeschnitten, wenn kräftigerer Neuzuwachs erwünscht oder die Krone schon sehr weit ausgebreitet ist.

Erhaltungsschnitt bei Apfel (Sorte Alkmene), etwa 20-jährig
Baumbeurteilung: Die Krone zeigt keinen ausgeprägten Leitastaufbau und besteht aus mehreren mehr oder weniger gleichrangigen Ästen. Der Baum wurde regelmäßig geschnitten und ist voll mit jungem Fruchtholz besetzt.

Nach dem Schnitt: Die insgesamt sehr dichte Krone wurde ausgelichtet und stärkere Äste auf der rechten Baumseite auf nach außen stehende Verzweigungen abgesetzt. Aufgrund des guten Blütenknospenansatzes und des späten Schnittes ist trotz kräftigen Schnittes nur mit mäßiger Triebreaktion zu rechnen.

Einer der häufigsten Schnittfehler ist das gänzliche Entfernen einjähriger Langtriebe, die für Wasserschosse gehalten werden. Dadurch entsteht Besenwuchs und es kann sich kein Fruchtholz entwickeln. Bei stärker wachsenden Baumformen ist es aus demselben Grund auch ungünstig, alle Langtriebe einzukürzen, wie es bei schwächeren Unterlagen üblich ist.

VORGANGSWEISE BEIM ERHALTUNGSSCHNITT

- Kroneneinwärts und zu dicht stehende Triebe werden weggeschnitten.
- Altes, abgetragenes Fruchtholz (nach unten geneigt) wird durch Absetzen auf jüngere, aufrechte Triebe entfernt; das am weitesten heruntergeneigte Quirlholz wird ausgelichtet.
- Das Höhenwachstum der Bäume kann durch Zurückschneiden auf waagrecht stehende Verzweigungen gebremst werden.

Ziel des Erhaltungsschnittes ist es, in der ganzen Krone gleichmäßiges Triebwachstum und Blütenbildung zu erreichen. Als brauchbares Maß für die richtige Schnittintensität kann gelten: Wenn sich im gesamten Kronenbereich kräftige, einjährige Langtriebe von etwa 50 cm finden, so befindet sich der Baum gut im Gleichgewicht.

VERJÜNGUNGSSCHNITT Auch bei regelmäßig geschnittenen Bäumen entwickelt sich die Krone von Jahr zu Jahr immer weiter in die Höhe und Breite. Die Bäume werden ausufernd, durch die Länge der Äste sinkt ihre Stabilität.

Beim Verjüngungsschnitt wird daher die Krone um bis zu einem Drittel ihres Volumens reduziert.

VORGANGSWEISE BEIM VERJÜNGUNGSSCHNITT

- Die Hauptleitäste werden im Winkel von ungefähr 120° auf günstig stehende jüngere Verzweigungen zurückgesägt (siehe Abb.)
- Gleichzeitig wird auch das Fruchtholz im Kroneninneren ausgelichtet.
- Nach dem Verjüngungsschnitt muss die Kronenform (Mitteltrieb, Leittriebe in Saftwaage) wieder sichtbar sein.

Der Verjüngungsschnitt wird oft missverstanden: Äste von alten, ungepflegten Bäumen werden mit der Motorsäge weit zum Stamm hin zurückgeschnitten. Die Folgen sind jahrelange Ertragsausfälle, Pilzbefall durch die großen Wunden und unzählige Wasserschosse an den Schnittstellen. Auf diese Weise behandelte Bäume sind selbst durch Fachleute nur schwer wieder in Form zu bringen, ihr Lebensalter ist stark verkürzt.

Eine solche Vorgehensweise erscheint nur dann gerechtfertig, wenn die Stamm- und Astsubstanz durch Holzpilze ohnehin bereits geschädigt ist und die Kronen in unerreichbaren Höhen »schweben«. Durch radikalen Stummelschnitt kann man einen Neuaustrieb weiter unten erzielen. Diese Schnittmaßnahme erfordert jedoch eine intensive Nachbehandlung in den Folgejahren: An den Schnittstellen entstehende, nicht benötigte Wasserschosse sollten schon im Juni – solange sie noch weich sind – durch Herausreißen ausgelichtet werden. Die für den Kronenaufbau benötigten Triebe werden eingekürzt, um bessere Verzweigung

Bespiel Verjüngungsschnitt

Beim Verjüngungsschnitt wird die Krone um bis zu einem Drittel ihres Volumens reduziert.

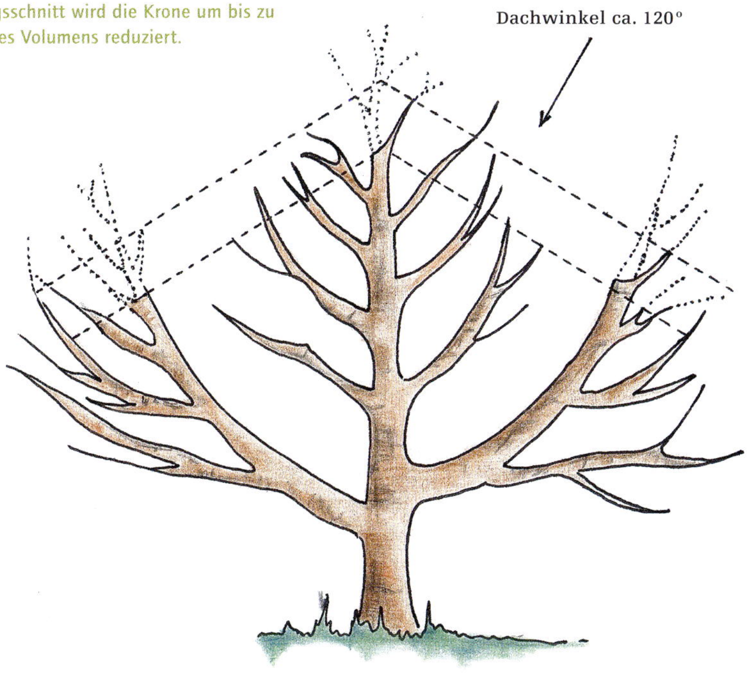

und Ausbildung der unteren Knospen zu erzielen. Des weiteren werden durch Herabbinden und Einkürzen neue Fruchtäste gezogen.

Der Verjüngungsschnitt wird vor allem bei an sich gepflegten Bäumen durchgeführt, um die Kronen wieder kompakter zu machen.

SCHNITT UNGEPFLEGTER KRONEN Vernachlässigte oder falsch geschnittene Kronen können durch den richtigen Schnitt wieder zu regelmäßigem Ertrag oder verbesserter Fruchtqualität gebracht werden. Auch die Lebenserwartung der Bäume lässt sich dadurch erhöhen.

Beim Schnitt ungepflegter Kronen darf man sich nicht von starren Vorstellungen einer idealen Krone leiten lassen. Allzu krasse Schnitteingriffe führen nur zu vermehrter Wasserschossbildung und mitunter zu jahrelangen Ertragsausfällen. Große Schnittwunden (d.h. über Armstärke) in Stammnähe sollten so weit wie möglich vermieden werden. Einige einfache Grundregeln kann man jedoch befolgen:

Bespiel Schnitt einer ungepflegten Krone

Schnittbeispiel:
Eine ca. 20-jährige Krone eines Apfelbaumes
Der Erziehungsschnitt ist noch erfolgt, dann blieb der Baum sich selbst überlassen – eine zweite Ast-Etage hat sich entwickelt, welche die untere Etage überwächst. Durch die Fruchtlast haben sich die Leittriebe schon weit abgesenkt.

Maßnahmen: Durch Entfernen der überbauenden oberen Äste wird den unteren Licht geschaffen, die abgesenkten Leitäste werden auf senkrecht stehende, junge Verzweigungen abgesetzt. Da der Baum noch jung und triebfreudig ist (zu erkennen an den vielen kräftigen Langtrieben), sollten diese Maßnahmen möglichst erst Anfang April durchgeführt werden, um übermäßige Bildung von Wasserschossen zu vermeiden. Aus dem gleichen Grund soll das Auslichten des Fruchtholzes im unteren Bereich vorerst unterbleiben.

Schnitt ungepflegter Kronen: Apfel (Sorte 'Wintergoldparmäne'), ca. 50-jährig
Baumbeurteilung: Der seit mindestens 20 Jahren ungeschnittene Baum ist insgesamt gesund, an der Kronenspitze noch mäßiges Wachstum, sortentypisch dicht mit Quirlholz besetzt, insgesamt sehr dicht und aus gleichrangigen Ästen aufgebaut.

Nach dem Schnitt: Ziel des Schnittes: Licht in die Krone bringen, Triebwachstum anregen. Das Kroneninnere wurde durch Herausnehmen einiger mittelstarker Äste ausgelichtet, Überbauungen aus dem oberen Etagen entfernt oder zurückgenommen, die unteren Äste wurden nur wenig eingekürzt, um Frucht am Baum zu lassen und damit übermäßiges Triebwachstum zu verhindern; sie können im Folgejahr um gut einen Meter zurückgenommen werden.

VORGANGSWEISE BEIM SCHNITT UNGEPFLEGTER KRONEN

- Als ersten Schritt gilt es, Überbauungen zu beseitigen. Darunter versteht man, dass Äste aus den oberen Etagen die unteren überwachsen und diesen das Licht nehmen. Das heißt also, man sollte den Baum zuerst oben »schlank« machen. Meist ist es auch nötig, die Krone in der Höhe einzukürzen. Oft steht man jedoch vor der Wahl, dass die unteren Äste schon kaum mehr brauchbares Fruchtholz haben und andererseits die oberen nicht mehr vom Boden zu erreichen sind. An sich erholen sich aber die unteren Äste oft erstaunlich gut, sobald sie vom Schatten der Überbauungen befreit sind. Bei gröberen Schäden sollte aber doch den höher stehenden, gesunden Ästen der Vorzug gegeben werden.
- Durch Auslichten wird Licht ins Kroneninnere gebracht. Das soll aber nicht heißen, dass sämtliche Verzweigungen im Kroneninneren wegzuschneiden sind. Vielmehr werden günstig stehende Verzweigungen benutzt, um das Fruchtholz oder weit ausladende Astpartien zu verjüngen. Manchmal ist es aber auch notwendig, Äste stehen zu lassen, die vielleicht aus obstbaulicher Sicht fehl am Platz wären – schlicht um die »Leiter im Baum« zu erhalten.

Auch Apfelbäume, die über mehrere Jahre hinweg nicht oder falsch geschnitten wurden, können durch richtige Schnittmaßnahmen wieder zu regelmäßigem Ertrag und zu verbesserter Fruchtqualität gebracht werden.

⁙ Wie beim Verjüngungsschnitt sollte die Krone auch an den Seiten zurückgenommen werden. Dadurch wird die Krone kompakter und die Stabilität verbessert, das Abbrechen von Ästen durch Schnee- oder Fruchtlast verhindert. Das Fruchtholz wird durch Auslichten des Quirlholzes und Zurücksetzen auf jüngere Verzweigungen erneuert.

Oft ist es ratsam, den »Renovierungsschnitt« in Etappen durchzuführen: Im ersten Jahr entfernt man die Überbauungen und lichtet das Kroneninnere aus, lässt aber das alte Fruchtholz an den unteren Ästen bestehen. Das hat den Vorteil, dass übermäßige Triebreaktionen (Wasserschosse) ausbleiben. Im den nächsten Jahren kann dann die Fruchtholzerneuerung im unteren Kronenbereich in Angriff genommen werden. Diese Vorgangsweise empfiehlt sich vor allem bei noch triebigen Bäumen.

Schnitt kleinerer Baumformen und Spaliere

Spindelbusch

Der Spindelbusch wird meist auf schwach oder mittelstark wachsenden Unterlagen erzogen. Anders als bei den großen Baumformen wird nicht durchgehend ein Konzept mit Leitästen verfolgt, sondern man zieht einen Baum mit einer geraden Achse, von der in mehreren Etagen im vertikalen Abstand von 50 bis 60 cm gleichrangige, flach stehende Fruchtäste gezogen werden.

ERZIEHUNGSSCHNITT Das Erziehungskonzept ist einfach: Am besten pflanzt man einjährige Veredelungen, die beim Setzen auf die gewünschte Kronenhöhe von ca. 50 cm plus 4 Augen zurückgeschnitten werden. Im darauf folgenden Jahr werden 3 bis 4 günstig stehende Seitentriebe waagrecht gebunden. Sie bilden die erste Etage an Fruchtästen. Der Mitteltrieb wird zur Bildung weiterer Verzweigungen zurückgeschnitten. Das Ziel ist ein pyramidenförmig aufgebauter Baum mit vier bis fünf Etagen an flachen Fruchtästen.

Dabei ist zu beachten, dass die oberen Etagen die unteren nicht überbauen sollen – die oberen Fruchtäste überwachsen die unteren – und ihnen damit das Licht nehmen. In der obersten Etage finden wir daher in optimal gezogenen Bäumen nur mehr maximal dreijähriges Fruchtholz.

ERHALTUNGSSCHNITT Beim Erhaltungsschnitt an Buschbäumen wird durch ständiges Rückschneiden des Fruchtholzes getrachtet, an den Fruchtästen nur zwei- bis dreijähriges Fruchtholz zu haben. Der einjährige Langtrieb am zwei- bis dreijährigen Triebabschnitt wird gleich entfernt. Nach dem Abtragen des Fruchtholzes wird es auf Astring entfernt, damit neuer Austrieb für die Folgejahre entsteht.

Ertragsschnitt Spindelbusch
Baumbeurteilung: Der etwa zehnjährige Baum (Sorte 'Gloster') wurde regelmäßig geschnitten. Die Fruchtäste wurden beim Erziehungsschnitt nicht formiert und stehen daher etwas zu steil.

Nach dem Schnitt: Am Kronenaufbau wurde nichts verändert. Die aufrechten einjährigen Langtriebe wurden entfernt und lediglich flach stehende einjährige Triebe belassen.

ERTRAGSSCHNITT Bei der Spindelerziehung und auch beim Ertragsschnitt wird viel formiert, das heißt aufrechte Triebe werden waagrecht gebunden. Dieses arbeitsaufwändige Binden war wohl der Grund, warum der Spindelbusch heute im Intensivobstbau durch die schlanke Spindel ersetzt wurde.

Schlanke Spindel

Diese Baumform ist heute im Intensivobstbau üblich, verwendet werden nur schwach wachsende Unterlagen. Wegen ihres einfachen Schnittkonzepts und des geringen Platzbedarfs ist sie auch im Hausgarten eine gute Lösung.

Bei der schlanken Spindel wird alles durch den Schnitt geregelt. Der Baum hat (außer der Mittelachse) nur einjährige, zweijährige und, bei Sorten, die eher am mehrjährigen Holz fruchten, noch dreijährige Triebe. An der Baumbasis werden zusätzlich noch kurze Gerüstzapfen gezogen, an denen Fruchtholzrotation betrieben wird.

ERZIEHUNGSSCHNITT Die Erziehung erfolgt wie beim Spindelbusch, mit dem Unterschied, dass man keine Fruchtäste zieht, sondern nur im unteren Kronenbereich Aststummeln für die Fruchtholzrotation belässt, um einen schlank konischen Kronenaufbau zu erreichen.

ERHALTUNGSSCHNITT Beim Erhaltungsschnitt wird nur auf flach stehende Langtriebe geschnitten. Diese bilden im darauf folgenden Jahr Blütenknospen und danach Früchte. Bei den meisten Sorten des Intensivobstbaus wird schon der aus dem zweijährigen Triebabschnitt entspringende einjährige Langtrieb entfernt. Manche Sorten tragen aber bevorzugt am mehrjährigen Fruchtholz. Bei diesen Sorten muss der Triebabschnitt daher noch ein drittes Jahr stehen bleiben. Nach dem Abtragen werden die Fruchttriebe am Stamm oder den Stummeln im unteren Kronenbereich entfernt. Das Konzept ist einfach und funktioniert beim Apfel vor allem bei Sorten des Intensivanbaus einwandfrei.

Erziehungsschnitt schlanke Spindel

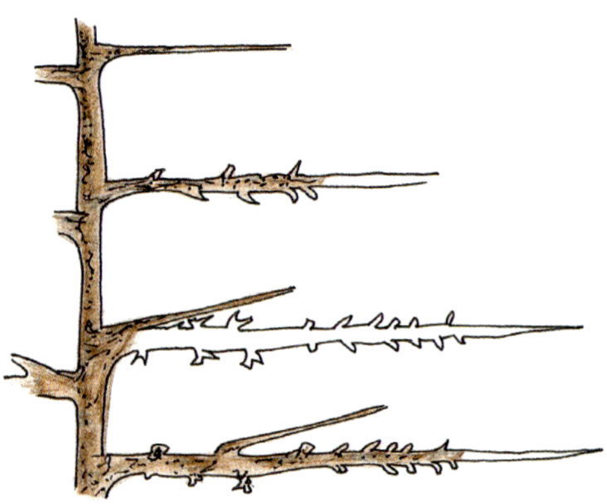

Bei der schlanken Spindel gibt es nur ein- und zweijähriges Holz vom Stamm weg. Das zweijährige Holz wird nach dem Abtragen auf Stummel weggeschnitten. Einjährige Langtriebe am zweijährigen Holz werden beim Winterschnitt entfernt.

Schlanke Spindel (linke Baumseite vor, rechte nach dem Schnitt): Bei manchen Sorten, die vor allem am mehrjährigen Holz tragen, werden an der Basis auch dreijährige Triebe belassen, die immer wieder kräftig ausgelichtet werden. Im unteren Kronenbreich belässt man Aststummel für die Fruchtholzrotation, um einen schlanken Kronenaufbau zu erreichen.

Spaliere

Unter Spalier versteht man die Erziehung von Obstbäumen an einem Gerüst. Spaliere sind mehr oder weniger zweidimensionale Obstbäume, man spricht auch von Längskronen. Hier soll nicht auf die Spaliere des Intensivobstbaus eingegangen werden – sie wurden von der schlanken Spindel abgelöst – sondern von der althergebrachten Kunst, Obstbäume zu bestimmten Formen zu ziehen, die Auge und Gaumen in gleichem Maße erfreuen.

Die »strengen« Erziehungsformen entstanden schon in der Renaissance, wo Formschnitt an allerlei Bäumen und Sträuchern vollzogen wurde. Im Barock wurde diese Form des Obstbaumschnitts weiter ausgefeilt und im 19. Jahrhundert zur Perfektion gebracht. Bei der Erziehung und Unterhaltung von Formspalieren hat eine Schnitttechnik herausragende Bedeutung: das Lorettieren. Darunter versteht man das Zurücknehmen des diesjährigen Austriebs auf zwei bis vier Augen. Im August ausgeübt führt diese Maßnahme zur Bildung von kurzem Fruchtholz, ähnlich dem Quirlholz auf vergreisten Bäumen, das bei diesen strengen Formen Ziel des Schnitts ist.

ERZIEHUNGSSCHNITT Bei der Erziehung der Spaliere werden nur die Leitastverlängerungen, die an das Gerüst in der jeweilig gewünschten Form festgemacht werden, verschont; alle übrigen Langtriebe werden gekürzt. Auch ein mehrmaliges Pinzieren (d.h. »zurückzwicken« auf vier Augen) aller Triebe mit mehr als acht Augen ab Mai führt zum gewünschten Ziel. Das Resultat sind Kunstobjekte in den unterschiedlichsten Formen und Größen zur Verzierung von Haus- und Garagenwänden, aber auch frei stehend als Blickpunkt in Vorgärten und Terrassen. Das Schönste daran: Man kann im Schutz der Hauswand selbst in rauesten Lagen edle Winteräpfel in hervorragender Qualität ziehen.

ERHALTUNGSSCHNITT Beim Erhaltungsschnitt im Winter an Spalierbäumen geht es in erster Linie darum, das älteste Quirlholz zu verjüngen. Dabei werden die nach unten geneigten Teile des Quirlholzes weggezwickt. Zusätzlich ist es meist nötig, den Baum in der Höhe zurückzunehmen, da ja das Wachstum oben am stärksten ist. Ohne diesen regelmäßigen Rückschnitt von oben würden die unteren Partien vergreisen.

Spalierformen werden an einem Gerüst gezogen. Im Schutz einer Hauswand können dabei auch in rauen Lagen empfindlichere Sorten gezogen werden.

Gesunde Bäume: Biologischer Pflanzenschutz

Wie alle Pflanzen stellen auch Obstgehölze unterschiedliche Anforderungen an Boden und Klima. Nur dem Standort angepasste Sorten entwickeln sich optimal, sind widerstandsfähig gegen Krankheiten und bringen guten Ertrag. Die passende Apfelsorte für den jeweiligen Standort im eigenen Garten zu wählen ist deshalb die beste Voraussetzung für einen gesunden Baum. Wird es dennoch einmal notwenig, sollte im naturnahen Garten ausschließlich biologischer Pflanzenschutz zur Anwendung kommen, der Gesundheit und Natur zuliebe.

Vorbeugung ist der beste Schutz

Marienkäfer sind natürliche Feinde der Blattläuse. Sowohl die Käfer und als auch die Larven vertilgen große Mengen der Schädlinge.

Natürlich ist es ärgerlich, wenn Schädlingsbefall oder Pflanzenkrankheiten die Ernte schmälern. Trotzdem sollte der Einsatz chemischer Pflanzenschutzmittel im Hausgarten tabu sein.

Die Basiszutaten »biologischer« Spritzmittel wie »Quassia«, »Neem« oder »Ryania« und vor allem das bekannte »Pyrethrum« mögen zwar aus der Natur stammen, sind aber auch mit Vorsicht zu verwenden, da sie zum Teil fisch- oder bienengiftig und nicht nützlingsschonend (Pyrethrum) sind. Ihr Einsatz ist damit auch ökologisch bedenklich.

Die im biologischen Landbau zugelassenen Schwefel und Kupferpräparate sind nicht ganz einfach in der Handhabung, es kommt leicht zu Pflanzenschäden.

In einem naturnah bewirtschafteten Hausgarten wird auf den Einsatz bedenklicher Spritzmittel verzichtet – der Gesundheit und der Natur zuliebe. Es gibt einfache, völlig unschädliche Methoden, um die Schäden an Bäumen und Früchten in Grenzen zu halten. Selbst »biologische« Spritzmittel sollten nur in Ausnahmefällen verwendet werden, etwa um einen Baum in seinem Bestand zu retten.

TIPP **In einem vielseitigen Garten mit Hecken, Wiesenelementen, Wasser, Gestrüpp kommt es seltener zur Massenausbreitung von Schädlingen.**

Maßnahmen zur Förderung der Pflanzengesundheit

PFLANZENAUSWAHL

- Obstarten und -sorten wählen, die für Klima und Boden geeignet sind.
- Gezielt robuste, wenig krankheitsanfällige Sorten und Arten wählen.

STANDORTAUSWAHL

- Den bestmöglichen Platz für die gewünschte Obstart auswählen oder schaffen.
- Je ungünstiger der Garten liegt, desto mehr Sorgfalt sollten wir bei der Standortsuche und Pflege walten lassen (siehe dazu Klima).

PFLEGE

- Gute Schnittpflege, das heißt nicht zu viel und nicht zu wenig Schnitt, beugt Pilzkrankheiten vor.
- Düngung von Obstbäumen ist in den meisten Gartenböden kaum nötig. Ein Übermaß an Dünger – vor allem an Stickstoff – führt leicht zu erhöhtem Schädlings- und Pilzbefall und oft auch zu Frostschäden.

NÜTZLINGSFÖRDERUNG

- Die meisten Vogelarten im Garten ernähren sich von Insekten. Geeignete, katzensichere Brutmöglichkeiten locken sie in unseren Garten. Im Handel gibt es für die verschiedensten Vögel geeignete Nistkästen oder Anleitungen zum Selbstbau.

Häufige Apfelkrankheiten und Schädlinge

Vorbeugung und Bekämpfung

Schorfsymptome

Frostschäden

SCHADBILD

Frostschäden entstehen meist nicht durch extrem tiefe Temperaturen, sondern durch den raschen Wechsel von warmem zu frostigem Wetter. Gefährlich sind Wetterlagen, die im Januar die Quecksilbersäule bei sonnigem Wetter auf 10 bis 15 °C steigen und in der sternenklaren Nacht auf bittere −10 °C absinken lassen. Durch solche Temperaturschwankungen entstehen an Stamm und Ästen Frostrisse und -platten, die im Extremfall zum Absterben des Baums führen können, da die Leitungsbahnen in der Rinde unterbrochen sind.

Frostschäden werden auch oft durch ein Übermaß an Stickstoff im Boden verursacht, zum Beispiel, wenn ein Obstbaum neben dem Misthaufen oder Kompost steht.

MASSNAHMEN

- Stamm und Leitäste werden im Dezember mit Löschkalk, dem zur besseren Haltbarkeit noch etwas Kasein (auch Topfen erfüllt den Zweck) oder Leinöl beifügt wird, angestrichen. Die Wirkung beruht darauf, dass die weiße Farbe die Sonnenstrahlen reflektiert und damit der Stamm nicht erwärmt wird.
- Einwickeln mit Hanf/Jutebändern und Schilfmatten. Beides wirkt gleichzeitig als Verbissschutz bei Jungbäumen. Stammeinhüllungen aus Kunststoff sind jedoch zu vermeiden – darin entsteht ein Treibhausklima, das Pilze fördert und die Frosthärte herabsetzt!

Frostrisse entstehen an klaren Wintertagen durch hohe Temperaturschwankungen zwischen Tag und Nacht. Weil dadurch die Leitungsbahnen in der Rinde unterbrochen sind, kann es sogar zum Absterben des Baums kommen.

Nährstoffmangelerscheinungen

Eisen- und Bormangel treten bei Obstgehölzen häufig auf.

SCHADBILD EISENMANGEL

Eisenmangel wird meist durch sehr hohen Kalkgehalt, Bodenverdichtungen oder Staunässe verursacht und äußert sich in einer Gelbverfärbung der jüngsten Blattflächen.

MASSNAHMEN

- Bodenlockerung und Förderung des Wasserabflusses, z.B. durch Untermischen von Sand sowie das Durchbrechen von Stauschichten, wie sie oft bei Bauarbeiten durch schwere Maschinen entstehen.

SCHADBILD BORMANGEL

Bormangel wird oft ebenfalls durch hohen Kalkgehalt, zum anderen Teil durch Borarmut des Bodens ausgelöst. Symptome sind Fruchtverkrüppelungen und schlechte Befruchtung.

MASSNAHMEN

- Abhilfe kann eine Mistpackung für den Stamm bringen, da Mist Spurenelemente wie Bor enthält und Bäume auch über die Rinde Nährstoffe aufnehmen können.
- Ein Abspritzen des Stammes und der Äste im Winter mit einprozentiger Boraxlösung hilft ebenfalls. Vorsicht: keinesfalls überdosieren – kann zu schweren Schäden führen!

Obstbaumkrebs

SCHADBILD

Wucherungen und abgestorbene Gewebeteile an Ästen und Trieben

MASSNAHMEN

- befallene Triebe entfernen
- Wucherungen bis ins gesunde Holz ausschneiden
- anfällige Sorten nicht in luftfeuchte Niederungen pflanzen
- für luftige Kronen sorgen, Scheuerstellen vermeiden

Obstbaumkrebs

Schorf

SCHADBILD

Schorf tritt vor allem in luftfeuchten (kühlen) Lagen und bei nasskalter Witterung auf. Es bilden sich schwarze, rissige Flecken an Früchten und Blättern

MASSNAHMEN

- tolerante Sorten wählen
- für luftige Kronen sorgen – Schnittpflege
- ausgeglichener Schnitt
- im Herbst am Baum bleibende Blätter entfernen
- Schwefelkalk spritzen

Stippigkeit des Apfels

SCHADBILD

Stippigkeit tritt vor allem bei großfruchtigen Sorten auf. Die Ursache der Stippe ist ein physiologischer Kalziummangel, meist ausgelöst durch Stickstoffüberschuss. Es entstehen braune Punkte im Fruchtfleisch, die Frucht wird bald mehlig.

MASSNAHMEN

- nicht mit Stickstoff düngen
- Baumscheiben ab Anfang August zuwachsen lassen
- nur wenig schneiden
- rechtzeitig ernten
- ausreichend bewässern

Monilia

Monilia ist eine Pilzkrankheit und tritt in zwei Schadformen auf.

SCHADBILD

An Früchten: beschädigte Früchte, z.B. durch Apfelwickler, beginnen zu faulen. Die Folge sind braun bis schwarz gefaulte Früchte mit weißen Sporenlagern.

MASSNAHMEN

- Verhindern von Fruchtbeschädigung: »Fruchtmumien« sollten vom Baum entfernt werden. Man kann sie wie auch abgefallenes Faulobst bedenkenlos kompostieren, wenn die Früchte mit etwas Grasschnitt oder ähnlichem

Schorfsymptome

Monilia an der Apfelfrucht

zugedeckt werden.

An Zweigen: Monilia-Spitzendürre tritt zwar im Frühjahr bei manchen Apfelsorten bei feuchtem Blühwetter mitunter auf, ist aber für den Apfel dort im Gegensatz zum Steinobst weniger von Bedeutung. Symptom: Zur Blütezeit vertrocknen Blüten und Blattbüschel und sterben ab.

MASSNAHMEN

- Entfernen der Fruchtmumien vom Baum
- Rückschnitt der befallenen Triebe bis ins gesunde Holz
- tolerante Sorten wählen

Feuerbrand

Feuerbrand ist eine meldepflichtige Bakterienkrankheit! In den meisten Gemeinden gibt es Feuerbrandsachverständige, die diese Krankheit diagnostizieren und die entsprechenden Maßnahmen einleiten.

SCHADBILD

Nach der Blüte Eintrocknen und Verkrümmen der Triebspitzen und Blütenbüschel, die Blätter verfärben sich dunkelbraun, aus den Trieben treten Schleimtropfen aus. Besonders gefährdet ist die Birne, aber auch Apfel und andere Rosengewächse wie Weißdorn und Felsenbirne werden befallen.

MASSNAHMEN

- Meldepflicht!
- Durchführung der verordneten Maßnahmen, z.B. Rückschnitt bis 50 cm ins gesunde Gewebe oder Roden und Verbrennen des befallenen Baumes
- Entfernen von hoch anfälligen, großblättrigen Cotoneastern (C. salicifolius)
- Auswahl wenig anfälliger oder resistenter Sorten

Mehltaubefall

Mehltau

SCHADBILD

Mehltau tritt vor allem in warmen Lagen und bei warmem, trockenem Wetter auf. Die Triebe und Blätter sind mit einem weißen Belag überzogen.

MASSNAHMEN

- tolerante Sorten wählen; eine Bekämpfungsmaßnahme ist nur bei einigen wenigen hoch anfälligen Sorten wie Jonathan oder Idared notwendig; diese Sorten meiden und umveredeln
- befallene Triebe entfernen
- vorbeugend: Netzschwefel
- Lecithin

Wühlmaus

SCHADBILD

Die Wühlmaus nagt am Wurzelhals und den Wurzeln des Baumes. Vor allem Neupflanzungen und kleinere, schwachwüchsige Baumformen sind gefährdet. Die Bäume sitzen locker im Boden und lassen sich leicht herausziehen.

MASSNAHMEN

- Auf Grundstücken mit Wühlmäusen sind Baumpflanzungen nur mit Mausgitter durchzuführen. Dabei wird die Pflanzgrube mit engmaschigem Hasengitter ausgelegt und dieses nach der Pflanzung auch oberirdisch zum Baumstamm gezogen. Auf die Unterlagen M26 und

M9 sollte hier verzichtet werden, da diese Leckerbissen für die kleinen Nager sind.

- Mit zur Bekämpfung gehört in größeren Geländen das Anbringen von Sitzstangen für Greifvögel sowie das Schaffen von Unterschlupfmöglichkeiten für Eulen (Einfluglöcher in Scheune) und Hermeline (Steinhaufen).
- Bevor Sie an eine direkte Bekämpfung denken, sollte zweifelsfrei feststehen, dass es sich nicht um Maulwurfaktivität handelt:

Der charakteristische Maulwurfshaufen ist feinkrümelig und regelmäßig ausgebildet, die Gänge sind im Querschnitt rund und von Wurzeln durchsetzt. Die Haufen der Wühlmaus sind eher flach und grobschollig, die Gänge sind deutlich hochoval, größer als die des Maulwurfs und frei von Wurzeln.

Der Maulwurf lockert den Boden und dezimiert Schädlinge. Er steht unter Naturschutz und darf nicht mit der pflanzenfressenden Wühlmaus verwechselt werden!

Mittels der Verwühlprobe kann man testen, ob ein Wühlmausgang bewohnt ist: den Gang öffnen, und schon nach ca. 30 Minuten hat ihn die Maus wieder verschlossen – »verwühlt«.

BEIM FALLENSTELLEN IST ZU BEACHTEN

- Gang sorgfältig freilegen
- Falle durch Abreiben mit Erde von Fremdgeruch befreien
- Falle in einem eben verlaufenden Gang aufstellen (nicht unter einem Erdhaufen)
- Falle testen: Sie muss bei leisester Berührung zuschnappen – Handschuhe tragen, da Wühlmäuse auch Krankheiten übertragen können
- Falle eventuell mit Köder bestücken, z.B. Karotten- und Selleriestückchen
- Das Ende der Falle mit Erdklumpen befestigen
- Gangöffnung mit einem schräg vorgestellten Rasenziegel verschließen; es soll zwar ein Luftzug entstehen, aber kein Licht in den Gang fallen
- Falle mittels eines Stöckchens fixieren und markieren.

Das Aufstellen diverser Schallquellen (eingegrabene Flaschen, Ultraschallgeräte), die Wühlmäuse vertreiben sollen, ist erwiesenermaßen nicht wirksam.

Frostspanner

SCHADBILD

Im Frühjahr sind Fraßschäden durch kleine Schmetterlingsraupen an Knospen, Früchten und jungen Blättern sichtbar. Der Schaden kann in manchen Jahren vor allem an Jungbäumen groß sein.

MASSNAHMEN

- Anbringen von Leimringen im Herbst verhindert Befall
- Austriebsspritzung mit Rapsöl
- bei Befall Überstäuben des Baums mit Gesteinsmehl
- Bacillus thuringiensis-Produkte

Frostspannerraupen

Apfelwickler

SCHADBILD

Der Apfelwickler tritt in warmen Lagen und in Städten stärker auf, die erste Generation meist ab Juni, die zweite ab August.

Die Äpfel werden typisch »wurmig«.

MASSNAHMEN

- im Frühjahr Kontrolle der Rinde auf überwinternde Larven und Puppen
- im Juni/Juli, wenn die ersten wurmigen Äpfel vom Baum fallen, kräftig schütteln und abfallende Früchte tief in frischem Komposthaufen vergraben oder in Biotonne entsorgen
- Wellpappestreifen am Stamm im Sommer als Unterschlupf – wöchentlich vernichten
- ab Ende Mai bis August mehrmals mit Granuloseviren spritzen

Läuse

Läuse kommen nahezu auf allen Obstarten vor und können vor allem an Jungpflanzen erheblichen Schaden verursachen.

SCHADBILD

Grüne, schwarze oder weißfilzige Läuse an Trieben, Ästen und Blättern, diese oft mit rot-gelben Wucherungen, oder kleine schildartige Gebilde an Trieben (Schildläuse); mehr oder weniger Honigtaubildung und in der Folge Auftreten von Schwärzepilzen.

Starker Lausbefall ist oft ein Zeichen anderer Missstände: Zu viel Stickstoff, unsachgemäßer Schnitt und ungeeignete Standorte fördern Blattläuse.

Apfelwickler

Bild oben: **Schadbild der Apfellaus**

Bild Mitte: **Besonders auffällig, aber harmlos: die Apfelfaltenlaus**

Bild unten: **Im Intensivanbau teils gefürchtet: die Blutlaus. Im Hausgarten besteht die beste »Bekämpfung« meist darin, sie einfach zu ignorieren.**

MASSNAHMEN

- Austriebsspritzung mit speziellen Rapsölen beim Aufbrechen der Knospen an (v.a. jungen) Bäumen, die im Vorjahr stark befallen waren
- Das Anbringen von Leimringen hindert die Ameisen daran, Läuse zu züchten. Die Ameisen tragen die Läuse im Baum von Triebspitze zu Triebspitze und verteidigen ihre »Haustiere« gegen räuberische Gesellen wie den Marienkäfer.
- Auch mehrmaliges Abspritzen mit einem scharfen Wasserstrahl kann bei kleinen Bäumen ausreichen.
- Wenn all das noch nicht nutzt, kann im Sommer mit Schmierseife gespritzt werden. 200 bis 300g reine Schmierseife auf 10 l kalkarmes Wasser. 1/5 l Spiritus erhöht die Wirkung. Die Spritzbrühe muss allerdings die Läuse direkt benetzen, was vor allem bei Blattdeformationen in Folge des Befalls schwierig ist.
- In sehr hartnäckigen Fällen kann »Pyrethrum« eingesetzt werden, es ist jedoch nicht nützlingsschonend und fischgiftig. Gegen die mehlige Apfelblattlaus wirkt »Neem« am besten.

Die einfachste und dabei wirkungsvollste Maßnahme gegen Blattläuse ist das Anbringen von Leimringen.

Schaden durch Holzpilze

Viren und Kleinstlebewesen

SCHADBILD

Am Apfelbaum können verschiedene Viren und Kleinstlebewesen unterschiedliche Krankheitsbilder hervorrufen. Zu den häufigsten zählen Blattaufhellungen zwischen den Blattadern und Besenwuchs. An Altbäumen, vor allem bei der Sorte 'Gravensteiner', ist die so genannte Flachästigkeit oft zu beobachten, die bei stärkeren Äste einen in etwa ovalen Querschnitt und Eindellungen verursacht.

MASSNAHMEN

- Es gibt keine Behandlung. Um die Ausbreitung von Baum zu Baum hintanzuhalten, sollten Schnittwerkzeuge desinfiziert werden.

Holzpilze

SCHADBILD

Besonders nach Verletzungen und unsachgemäßem Schnitt treten am Stamm und den starken Ästen schwarze Rindenverfärbungen und meist braunorange, große Pilzfruchtkörper auf. Das Holz ist an den Schnittstellen dunkel verfärbt und riecht deutlich nach Pilzen oder ist schwammig und zersetzt. Astpartien sterben ab.

MASSNAHMEN

- Keine Bekämpfung möglich. Um die Ausbreitung von Baum zu Baum zu verhindern, sollten Schnittwerkzeuge desinfiziert und Pilzfruchtkörper entfernt werden.

Ernte & Lagerung

Den richtigen Erntezeitpunkt zu bestimmen erfordert Feingefühl. Bei zu früher Ernte sind Geschmack und Aroma des Apfels noch nicht optimal ausgereift, wird zu spät gepflückt, leidet die Lagerfähigkeit der Früchte. Und auch das Wetter muss passen.

Am Baum ausgereifte Äpfel lohnen die Mühe des Beobachtens dafür mit vielen gesunden Inhaltsstoffen und köstlichem Geschmack.

Die Apfelernte

Der optimale Erntezeitpunkt eines Apfels erfordert Fingerspitzengefühl.

Beim Sommerobst gibt es keine offenen Fragen zum Erntezeitpunkt. Geerntet wird, wenn das Obst genussreif ist. Die Lagerfähigkeit ist in der Regel gering. Aber schon bei den gegen Ende des Sommers reifenden Äpfeln wie 'Gravensteiner' stellt sich die Frage nach dem optimalen Erntezeitpunkt. Freilich, für den Frischgenuss wird man nur vollreife Früchte vom Baum pflücken. Doch gerade bei 'Gravensteiner' lässt sich der wahre Hochgenuss durch eine etwas vorzeitige Ernte und entsprechende Lagerung bis in den Dezember (in raueren Lagen) verlängern.

Ernten wir zu früh, stimmt zwar die Lagerfähigkeit, Geschmack und Aroma jedoch lassen zu wünschen übrig. Erntet man zu spät, geht die Lagerfähigkeit verloren.

Wann also ist der optimale Erntezeitpunkt?

Die Frage ist schwer zu beantworten. Liest man nach, findet man ungefähre Angaben über die Pflückreife der einzelnen Sorten, die jedoch mit Vorsicht übernommen werden müssen, da der jeweilige Standort und dessen klimatische Verhältnisse eine entscheidende Rolle spielen. Die Erntezeit des 'Gravensteiner' zum Beispiel ist in warmen Lagen meist schon Mitte August vorüber, dagegen beginnt in rauen Gebirgslagen die Pflückreife häufig erst Anfang bis Mitte September.

Ein Hinweis zur Reife besteht darin, dass sich der Fruchtstiel durch leichten Druck mit dem Finger von seinem Sitz am Ast löst. Manche Sorten wie etwa 'Adersleber Kalvill' sitzen jedoch so fest am Baum, dass sich die Früchte selbst im Winter nur schwer vom Fruchtholz lösen. Ein weiterer guter Hinweis ist die Grundfarbe: Die Pflückreife ist meist gegeben, wenn sich die Grundfarbe auflichtet, das

WANN IST EIN APFEL ERNTEREIF?

- Wenn sich der Fruchtstiel durch leichten Druck mit dem Finger von seinem Sitz am Ast löst.
- Durch den Chlorophyllabbau während des Reifeprozesses schwindet der Grünanteil der Frucht, die Grundfarbe geht von Grün auf Gelb über.

Beide Methoden vereint geben einen guten Hinweis auf den optimalen Pflückzeitpunkt.

Der richtige Zeitpunkt zur Apfelernte ist gekommen, wenn der Grünanteil der Fruchtfarbe schwindet und sich der Fruchtstiel leicht lösen lässt.

heißt, wenn sie von Grün auf Gelb übergeht. Auch diese Methode ist nicht bei allen Sorten anwendbar, da viele Spätsorten wie 'Ontario' erst beim Lagern aufhellen oder bei roten Früchten die Grundfarbe gar nicht erkennbar ist. Beide Methoden vereint geben einen brauchbaren Hinweis auf den optimalen Pflückzeitpunkt. Am besten jedoch probiert man einfach aus, indem man zu verschiedenen Zeitpunkten erntet und Lagerfähigkeit und Geschmack beurteilt.

Die Ernte sollte nur bei trockener Witterung erfolgen und Verletzungen der Früchte müssen vermieden werden.

Die Lagerung von Äpfeln

Der optimale Hausobstkeller hat eine Temperatur zwischen 2 und 4 °C und eine relative Luftfeuchtigkeit von 80 bis 90 %. Die Temperatur sollte im Sommer 10 °C nicht übersteigen und zur Einlagerungszeit möglichst schnell abgesenkt werden können.

Bau und Unterhaltung eines Obsterdkellers:

Um entsprechende Temperaturen zu erreichen, sind beim Bau eines Erdkellers einige Dinge zu beachten. Das Baumaterial ist für die Qualität des Kellers nicht von Bedeutung, die Wände allerdings sollten sauber und leicht zu reinigen sein. Für den Kellerboden empfiehlt sich gestampfter Lehm als natürlicher Luftfeuchtigkeitsregulator. Um eine entsprechende Dämmwirkung zu erzielen, sind Erdkeller mindestens mit 150 cm Erdreich zu überdecken. Günstig ist es auch, eine Beschattung durch Bäume vorzusehen. Ein zusätzlicher Vorraum verringert das Eindringen warmer Luft. Für die Be- und Entlüftung sind für Zu- und Abluft auch regulierbare Schächte vorzusehen. Der Abluftkamin ist am Scheitel des Kellers einzubauen. Je weiter er in die Höhe ragt, desto besser ist die Wirkung, da die Zugwirkung von der Höhendifferenz zwischen den Ausmündungen der Zu- und Abluftschächte abhängt. Am Boden des Kellers sollten an allen Seiten Kaltzuluftkamine enden, die außen knapp an der Erdoberfläche münden. Zu- und Abluftkamine sollen ungefähr den gleichen Gesamtquerschnitt aufweisen. Natürlich sind diese Schächte vor dem Eindringen von Ratten und Mäusen zu sichern. Durch die Möglichkeit Zu- und Abluft zu regulieren,

Früchte mit kleinen Schadstellen am besten sofort verarbeiten. Zum Einlagern verwendet man besser nur einwandfreie Früchte.

kann man den Keller durch Belüften in kalten Nächten und Schließen bei warmer Witterung schnell auf optimale Lagertemperatur bringen.

Ständiger Luftzug ist allerdings zu vermeiden, um einem Schrumpfen der Früchte durch Feuchtigkeitsverlust vorzubeugen. Andererseits ist durch gelegentliche Lüftung während der Lagerung auch sicherzustellen, dass die Luftfeuchtigkeit nicht zu hoch wird. Um die vorzeitige Reifung des Lagerobstes zu verhindern, soll nie reifes Obst im Keller verbleiben, daher sind reife und faule Früchte laufend zu entfernen. Beim Reifen gibt Obst Ethylengas ab. Dieses Gas würde das Reifen der übrigen Früchte beschleunigen. Aus demselben Grund sollte Obst auch nicht gemeinsam mit Gemüse gelagert und im Keller nicht geraucht werden.

Zum Einlagern dürfen nur einwandfreie Früchte verwendet werden, die keinerlei Schadstellen aufweisen.

TIPP **Sind die Temperatur- und Feuchtigkeitsbedingungen im Keller nicht optimal, kann die Lagerdauer durch Verpacken in Folienbeuteln erstaunlich verbessert werden. In solchen Plastiksäcken, die vorher mit einer Stricknadel gelöchert wurden, steigt durch die Atmung der Früchte der Kohlendioxidgehalt, was die Haltbarkeit verbessert. Diese Folienbeutel sind allerdings besonders genau auf reifende bzw. faulende Früchte zu kontrollieren, da der Verderb darin rasch vor sich geht.**

Empfehlenswerte Apfelsorten für den Hausgarten

Die Freude an der Ernte vom eigenen Apfelbaum beginnt schon bei der richtigen Sortenwahl. Wer einen für den speziellen Standort passenden Apfel pflanzt, hat die wichtigste Grundvoraussetzung für gesundes Wachstum ohne den Einsatz chemischer Pflanzenschutzmittel erfüllt. Gerade in naturnah bewirtschafteten Gärten stehen aber nicht Erntemengen und optisch tadellose Früchte im Vordergrund, sondern das Prinzip »Leben und leben lassen«.

Empfehlenswerte Apfelsorten für den Hausgarten

'Gravensteiner'-Blüte

Die Sorten- und Artenwahl ist für das Gedeihen der Obstbäume und für eine reiche, wohlschmeckende und gesunde Ernte entscheidend. Wie aber kommt man zu den passenden Sorten für den eigenen Garten? Sorten des Intensivanbaus sind oft nicht für den Hausgarten geeignet, da sie viel Pflege und Pflanzenschutz brauchen. Auch manche geschmackliche Wunder wie 'Cox Orange' oder 'Rubinette' kommen aufgrund der hohen Anfälligkeit oder der Pflegansprüche im Hausgarten leider nicht infrage.

Wichtig sind im Hausgarten andere Kriterien

- Geschmack,
- Pflegeleichtigkeit
- gute Lagereigenschaften und -fähigkeit für den Hauskeller
- laufende Reife bei Frühsorten wie 'Gravensteiner'. Im Hausgarten ist es erwünscht, dass die Früchte nicht alle gleichzeitig reifen, denn so können über längere Zeit reife Früchte genossen werden.
- Auch die Eigenheit z. B. des 'Adersleber Kalvill', lange und fest am Baum zu hängen, ist für den Hausgärtner interessant: Oft bis Mitte Dezember kann man in den Garten hinausgehen und im Vorübergehen einen Apfel naschen.

SEHEN, SCHMECKEN, VERGLEICHEN

Die Suche nach der idealen Apfelsorte mag aufwändig sein, nicht jede Baumschule führt den gewünschten Baum.

Sortenschauen, Sorten- und Schaugärten, wo es mitunter auch Verkostungen gibt, sind eine gute Möglichkeit, sich zu informieren und zu testen. Raritätenbaumschulen führen – neben einem oft erstaunlich breiten Sortiment – auch Wunschveredelungen aus.

Längere Suche, längere Wartezeit und auch ein höherer Preis lohnen sich allemal, wenn man daran denkt, dass ein Obstbaum doch viele Jahre im Garten Freude bereiten soll.

Empfehlenswerte Apfelsorten für den Hausgarten

Bei der Auswahl wurde auf geringe Krankheitsanfälligkeit, vertretbaren Pflegeaufwand und besonderen Geschmack Bedacht genommen. Sowohl säurebetonte als auch süß schmeckende Äpfel sowie unterschiedliche Aromen fanden Eingang. Bei den angeführten Sorten handelt es sich um Tafelobst. Wenn andere Verwertungseigenschaften im Vordergrund stehen, wird darauf verwiesen.

Die Tabelle enthält auch Sorten, die in Bezug auf den Pflegeaufwand zwar kleine Mängel aufweisen, aber punkto Geschmack oder sonstige Qualität herausragend sind bzw. mit Extremsituationen (Kälte, Hitze) zurecht kommen.

»ALTE« ODER »NEUE« SORTEN?

Der Satz: »Die alten Sorten waren eben noch robust« ist nicht einheitlich anwendbar. Natürlich war hohe Toleranz gegen Krankheiten in Zeiten ohne chemisch-synthetische Spritzmittel ein wichtiges Kriterium.

Es gibt aber auch unter den »alten« Sorten weniger empfehlenswerte, genauso wie es unter den neuen viele robuste und gut geeignete gibt. Daher sind in den Empfehlungen alte und neue Sorten gleichermaßen enthalten.

Sorte	Reife	Aussehen und Geschmack	Anfälligkeit/Standort/Sonstiges	Lage
Schöner aus Bath	7–8 (9)	mittelgroß, sehr schön rot gefärbt, guter, würziger Geschmack	zu Unrecht in Vergessenheit geratene alte Sorte, regelmäßig und früh fruchtbar und vergleichsweise lang haltbar, starkwüchsig	w–k
Klarapfel 	7–8	klein bis mittelgroß, grünlichgelb, saftig, kräftig säuerlich	altbewährte Frühsorte auch für kalte Lagen, allerdings stark krebsanfällig, Baum verhältnismäßig klein	w–k!
Discovery	8	mittelgroß, sehr saftig, angenehmer süßsäuerlicher, aromatischer Geschmack	neuere Züchtung mit guten Ertragseigenschaften und geringem Pflegeaufwand, schwachwüchsig	w–k
Virginischer Rosenapfel	8	mittelgroß, weißlichgelb mit zarten rosa Streifen, sehr saftig, mild säuerlichsüß	Frühsorte für Liebhaber süßer, milder Äpfel, starkwüchsig	w–k
James Grieve	8–9	mittelgroß, gelbrot gestreift, sehr saftig, süßsäuerlich	anfällig für Krebs, daher nicht in eingeschlossen Lagen, früh und sehr reich tragend; Baum bleibt relativ klein	w–k
'Müschens Rosenapfel'	8–9	mittel bis groß, weißrot gestreift, zartes, reinweißes, delikates Fruchtfleisch	einzigartig feines Fruchtfleisch, leider sehr druckempfindlich, daher nur für Hausgärten, Wuchs mittelstark	w–k

Zeichenerklärung:
w: warme Lagen, Weinklima
m: mittlere Lagen Winterweizengebiet
k: raue Lagen, Mittelgebirge
(k): eingeschränkt verwendbar in geschützten Lagen
(w): Anbau zwar möglich, aber zugunsten geschmacklich besserer Sorten entbehrlich
! besonders gut geeignet

Die Reifeangaben beziehen sich auf mittlere Lagen und das Reifeempfinden des Autors, Lagerdauer auf Erdkeller

Empfehlenswerte Apfelsorten für den Hausgarten

Sorte	Reife	Aussehen und Geschmack	Anfälligkeit/Standort/Sonstiges	Lage
Gravensteiner 	8–10 (12)	mittel bis groß, gelbrot gestreift, sehr saftig, unvergleichlich in Geschmack und Duft	etwas mehltauanfällig, später Ertragseintritt, aber wegen seines einzigartigen Geschmacks und schönen Wuchses unverzichtbar als Hausbaum, braucht wenig Schnittpflege, für früheren Ertragseintritt kleiner Baumformen wählen	w–k
Prinz Albrecht von Preußen 	9–11	mittelgroß, wunderschön glänzend rot, sehr saftig, angenehm süßsäuerlich	allgemein robust, früh und reich tragend, problemlos und wohlschmeckend; **der Apfel für Höhenlagen**, Wuchs mittelstark	w–k!!
Elise Rathke 	9–11	mittelgroß, rotgelb gestreift, saftig süßsäuerlich, aromatisch	vor allem wegen des hängenden Wuchses gepflanzt, malerischer Baum mit edlen Früchten	w–k
Dülmener Rosenapfel 	9–12	groß, gelbrot gestreift, saftig, fein aromatisch duftend, süßsäuerlich	allgemein robuste, geschmacklich hervorragende Sorte, an 'Gravensteiner' erinnernd, starkwüchsig, Ertrag mittelfrüh	w–k!
Goldparmäne = Goldreneder	9–12	mittelgroß, gelbrot gestreift, mäßig saftig, süß, kräftiges Aroma	vom Geschmack her beliebte »alte« Standardsorte, anfällig für Krebs und Blutlaus, sonst robust, reich tragend, mittelstark wachsend	w–k
Grahams Jubiläumsapfel 	9–12	groß, gelb, säuerlich, wenig aromatisch	allgemein robust, verlässliche Sorte in höchsten Lagen, mittelstark wachsend	(w)–k!!
Oldenburg	9–12	mittelgroß, gelbrot, sehr saftig, mild süßsäuerlich	Massenträger für alle Lagen, braucht gute Apfelböden, mittelstark wachsend	w–k
Gascoynes Scharlachsämling	9–12	mittelgroß bis groß, wunderschön karminrot und gelb, blau bereift, edler, köstlicher Geschmack	ein wahrhaft schöner und delikater Apfel, allerdings etwas anfällig für Schorf und Monilia, mittelstark wachsend	w–m
Danziger Kantapfel 	9–1	mittelgroß, ganz rot, sehr saftig, mild süßsäuerlich	gedeiht selbst an ungünstigsten Standorten, einer der besten Äpfel für Saft, da richtiges Zucker-Säure-Verhältnis, Wuchs stark	

Empfehlenswerte Apfelsorten für den Hausgarten

Sorte	Reife	Aussehen und Geschmack	Anfälligkeit/Standort/Sonstiges	Lage
Gelber Edler	9–1	mittelgroß bis groß, gelb, säuerlich, nicht bräunend	hervorragender Küchenapfel, **der Strudelapfel schlechthin,** starkwüchsig	w–k
Rote Sternrenette 	10–1	mittelgroß, ganz rot, oft rotes Fruchtfleisch mit angenehmem Parfum	ein wunderschöner Apfel, sehr widerstandsfähig, nicht für trockene Böden, starkwüchsig, abgefallene Früchte faulen nicht	w–k!
Adersleber Kalvill 	10–2	mittelgroß, gelb mit rosa Wange, mild süß, köstlich aromatisch	früh und reich tragender, köstlicher Apfel, Äpfel hängen bis zu den ersten starken Frösten am Baum, sehr gut für warmes, trockenes Klima, Wuchs mittelstark, vom Baum weg genießbar	w!–m
Berlepsch 	10–2	klein bis mittel, gelb mit roter Backe, feinraue Schale, knackig, spritzig süßsäuerlich, besonders fein aromatisch	geschmacklich eine Spitzensorte mit hohem Vitamin-C-Gehalt, starkwüchsig	w–k–(k)
Gelber Bellefleur 	10–2	groß, gelb; süß mit kräftigem Mandelaroma	verlässlicher Träger für trockene, heiße Lagen, nicht für raue Lagen, bildet breite, schirmförmige Kronen	w!
Harberts Renette 	10–2	groß, gelb mit roten Streifen; sehr saftig, süßsäuerlich, aromatisch	nicht für windige Lagen, sehr starkwüchsig, später, dann aber reicher Ertrag, anfällig für Stippe, sonst sehr robust und verlässlich; für früheren Ertragseintritt kleine Baumformen wählen, vom Baum weg genießbar	w–k
Ribston Pepping 	10–2	mittelgroß, gelblich, ledrige Schale; kräftig süßsäuerlich, edelwürzig	anfällig für Mehltau, daher nicht für warme Lagen, in rauen Lagen eine vorzüglich spritzige Tafelfrucht, Wuchs mittelstark	k!
Topaz	10–2	mittelgroß bis groß, gelb-rot gestreift, angenehm süßsäuerlich	beste neue, resistente Sorte, stark anfällig für mehlige Apfellaus: Leimringe!, Wuchs mittelstark	w–k
Zuccalmaglios Renette	10–3	klein, gelb mit wenig Röte, knackig, fein süßsäuerlich, edelaromatisch	reich tragende, problemlose, hoch aromatische Spitzentafelsorte, schwach wachsend	w–m

Zeichenerklärung:
w: warme Lagen, Weinklima
m: mittlere Lagen Winterweizengebiet
k: raue Lagen, Mittelgebirge
(k): eingeschränkt verwendbar in geschützten Lagen
(w): Anbau zwar möglich, aber zugunsten geschmacklich besserer Sorten entbehrlich
! besonders gut geeignet

Die Reifeangaben beziehen sich auf mittlere Lagen und das Reifeempfinden des Autors, Lagerdauer auf Erdkeller

Empfehlenswerte Apfelsorten für den Hausgarten

Sorte	Reife	Aussehen und Geschmack	Anfälligkeit/Standort/Sonstiges	Lage
Ananasrenette	10–2	klein, gelb mit auffallenden Punkten, aromatisch süß-säuerlich	wegen ihres eigenartigen, kandelaberartigen, gedrungenen Wuchses als Zierbaum, **die Sorte für frei stehende Spaliere** und Formbäume schlechthin, in Höhenlagen an Wänden, schwach wachsend, früh und reich tragend	w–k
Galloway Pepping	10–2	mittelgroß, gelb; säuerlich kräftig gewürzt	sehr widerstandsfähig gegen Schorf, ideal für Höhenlagen, baut von Natur aus schöne, kräftige Kronen auf, starkwüchsig	m–k!!
Goldrenette von Blenheim 	10–3	mittel bis groß, gelb bis rot, süß, mit kräftigem, nussartigem Aroma	anfällig für Stippe, liebt guten, aber nicht überdüngten Boden, sehr später Ertragseintritt, daher kleinere Baumformen empfehlenswert	w–k
Kronprinz Rudolph 	10–3	klein bis mittel, schön grün bis gelb-rot, sehr saftig, angenehm süßsäuerlich	etwas anfällig für Schorf, als einer der saftigsten Äpfel im Sortiment aber unverzichtbar, in der Jugend sehr starkwüchsig, daher schwierig im Erziehungsschnitt; Ertrag früh und hoch	w–m
Ilzer Rosenapfel = Weinler 	11–3	klein bis mittelgroß, ganz rot, festes Fleisch, angenehm süßsäuerlich, mit gefälligem Parfum	braucht schwere, nährstoffreiche Böden, früh und reich tragend, baut von Natur aus sehr schöne Kronen auf, starkwüchsig	w–k
Rodauner Goldapfel 	11–3	groß, rot gestreift, im Herbst kräftig säuerlich, im Frühjahr erfrischend süßsäuerlich, edelaromatisch	wenig bekannte, geschmacklich eine der besten Sorten, auch für höchste Lagen, starkwüchsig	w–k!!
Wintertaffetapfel	10–4	klein, gelb mit leicht rosa Backe, knackig, lieblich süß	lang haltbarer, süßer Apfel, etwas schorfanfällig, daher nur für offene Lagen, vom Baum weg genießbarer Lagerapfel	w–k
Langer Bellefleur	10–4	groß, anfangs grün, später gelb mit roter Wange, zart süßlich ohne spürbare Säure, etwas aromatisch	Rarität, problemlose Lagersorte für Liebhaber milder, säurearmer Äpfel, wurmige Früchte faulen nicht, starkwüchsig, verlässlich und reich tragend, vom Baum weg genießbar	w–m
Boikenapfel	11–4	groß, grüngelb mit rosa Wange; saftig, süßsäuerlich	problemloser Lagerapfel auch für raue Lagen, liebt feuchte Böden, sehr stark wachsend	w–k!

Empfehlenswerte Apfelsorten für den Hausgarten

Sorte	Reife	Aussehen und Geschmack	Anfälligkeit/Standort/Sonstiges	Lage
Tiroler Spitzlederer 	10–5	mittelgroß, bronzefarbene, ledrige Schale, süßsäuerlich, aromatisch	in Summe einer der besten und schönsten »Lederäpfel« mit feinzelligem Fruchtfleisch, reich tragend, robust, starkwüchsig	w–m
Batullenapfel 	10–5	klein bis mittelgroß, leuchtend gelb mit roter Wange, süßsäuerlich, eigen aromatisch	der geschmacklich »bessere Maschanzker«, problemlos lagerbar, wurmstichige Äpfel faulen nicht, vom Baum weg essbar, starkwüchsig	w–k
Champagner-Renette 	11–5	klein, gelb mit leicht rosa Backe, sehr saftig, säuerlich	problemloser, lang haltbarer, säuerlicher Apfel, starkwüchsig und reich tragend, nicht für kühle Lagen	w–m
Große Kasseler Renette 	11–5	klein bis mittel, gelb mit roter Backe, feinraue Schale, spritzig, kräftig süßsäuerlich, sehr kräftig aromatisch	gut für trockene, heiße Lagen, wenig wurmig, etwas schorfanfällig, starkwüchsig, sehr reich tragend	w!–m
Siebenkant	11–5	mittelgroß, gelb mit rosa Wange, erfrischend säuerlich, edelaromatisch	hervorragende wohlschmeckende Lagersorte, problemlos und robust, starkwüchsig	w–m
Roter Bellefleur	11–5	mittelgroß, rot, fest, saftig, mild süßsäuerlich, leicht aromatisch	extrem spät blühend, daher für Spätfrostlagen günstig, sehr robust, starkwüchsig, auch als Zierbaum wegen der späten Blüte und der schönen Früchte	(w)–k!!
Parkers Pepping	11–5	klein bis mittel, grüngelb mit roter Wange, meist ledrige Schale; fein süßsäuerlich, aromatisch	nicht für trockene Standorte, geschmacklich und punkto Haltbarkeit einer der besten »Lederäpfel«, schwach wachsend	m–k!
Königin Olga 	10–6	Klein bis mittel, gelb-rot gestreift, bläulich bereift, knackig, süßsäuerlich, eigen gewürzt	Rarität mit interessantem Geschmack, problemlose Lagerung, schwacher bis mittelstarker Wuchs	w–k

Zeichenerklärung:
w: warme Lagen, Weinklima
m: mittlere Lagen Winterweizengebiet

k: raue Lagen, Mittelgebirge
(k): eingeschränkt verwendbar in geschützten Lagen

(w): Anbau zwar möglich, aber zugunsten geschmacklich besserer Sorten entbehrlich

! besonders gut geeignet
Die Reifeangaben beziehen sich auf mittlere Lagen und das Reifeempfinden des Autors, Lagerdauer auf Erdkeller

Literaturempfehlungen

Funke, Werner: Der Obstgehölzschnitt. BLV. München Wien Zürich 1999

Petzold, Herbert: Apfelsorten. Neumann, Leipzig-Radebeul 1990

Mühl, Franz: Alte und neue Apfelsorten. Obst- und Gartenbauverlag des Bayrischen Landesverbandes für Gartenbau und Landespflege, München 1995

Kreuzer, Johannes: Kreuzers Gartenpflanzenlexikon: Beeren, Kernobst, Steinobst, Schalenobst. Thalacker Medien, Braunschweig 1997

Börner, Horst: Pflanzenkrankheiten und Pflanzenschutz. Verlag Eugen Ulmer, Stuttgart 1983

Schmid, Heiner: Obstbaumschnitt. Verlag Eugen Ulmer, Stuttgart 1995

Schmid, Heiner: Handgriffe im Obstgarten. Verlag Eugen Ulmer, Stuttgart 1988

Lind, K., et al.: Biologischer Obstbau. Leopold Stocker Verlag, Graz 1998

Keppel, H., Pieber, K., Weiss, J.: Der Obstgarten – Pflanzung, Pflege, Ernte. Leopold Stocker Verlag, Graz 1998

Burgstaller, H., Gaber, R., Hebling, W.: Sortenmappe, Verfügbare Obstsorten aus Niederösterreich. NÖ Landesregierung und Arche Noah, St. Pölten/Schiltern 1997

Speiser, A.: Pflanzung von Obstbäumen. Schnitt und Pflege von Obstbäumen. NÖ Agrarbezirksbehörde, St. Pölten

Götz, G., Silbereisen, R.: Obstsorten-Atlas. Verlag Eugen Ulmer, Stuttgart 1989

Griegel, A.: Mein gesunder Obstgarten. Margarethe Griegel Eigenverlag, Ingelheim 1993

Gaber, R., Obst im Hausgarten, Agrarverlag, Leopoldsdorf 2002

Hartmann, W.: Farbatlas alte Obstsorten, Verlag Eugen Ulmer, Stuttgart 2000

Bildquellen

Umschlagbilder: Roland Gaber

Simone Andress: Seite 8, 29, 66/67 (WH)

Udo Bernhart: Seite 12

Roland Gaber: Seite 6 unten links und rechts, 7, 18, 19, 40 beide, 4 (WH), 44 beide, 45 beide, 46 beide, 48 beide, 51 beide, 53 beide, 59 beide, 60 beide, 61 beide (links, WH), 62, 64 rech oben, Mitte, unten, 65 beide, 75–79 (alle außer Kajtna)

Bernd Kajtna, Archiv Arche Noah: Seite 75–79 (Klarapfel, Dülmener Rosenapfel, Grahams Jubiläumsapfel, Danziger Kantapfel, Berlepsch, Ribston Pepping, Kronprinz Rudolph)

Friedrich Polesny: Seite 63, 64 links

Wolfgang Redeleit: Seite 3, 4/5, 6 oben, 9, 10, 11, 14, 15, 20 beide, 22/23, 24, 25, 28, 30/31, 32 beide, 34 (WH), 35, 37, 38 39 52, 55, 56/57, 58, 68 oben (WH) und unten (WH), 69, 70, 7 72/73, 74

IMPRESSUM

E-mail: buch@avbuch.at, Internet: www.avbuch.at

2010: 2. unveränderte Auflage

Die Deutsche Nationalbibliothek – CIP-Einheitsaufnahme

Die Deutsche Nationalbibliothek verzeichnet diese Publikation in der Deutschen Nationalbibliografie; detaillierte bibliografische Daten sind im Internet über http://dnb.ddb.de abrufbar.

PROJEKTLEITUNG (Lektorat & Herstellung):
Elke Papouschek für den Österreichischen Agrarverlag, Wien
KORREKTORAT Mag. Bettina Jakl-Dresel, Wien
GRAFISCHE FESTALTUNG & SATZ Alexander Schuh,
o- büro für visuelle kommunikation, Wien
BILDREPRODUKTION Hantsch & Jesch
PrePress Services OG, Wien
ILLUSTRATIONEN Doris Papouschek, Wien
DRUCK UND BINDUNG Westermann Druck, Zwickau
Printed in Germany

ISBN 978-3-7040-2092-5

Roland Gaber

Äpfel für den Hausgarten

Inhalt

In zahlreichen biblischen Abbildungen finden wir den Apfel als die Frucht, deren Reiz Adam und Eva nicht widerstehen können. Auch in unzähligen Märchen, Mythen und Kulturen spielt der Apfel eine zentrale Rolle. In unseren Breiten denkt man vielleicht an die goldenen Äpfel im Schlossgarten des Königs im Märchen vom goldenen Vogel oder den vergifteten Apfel im Märchen Schneewittchen. Der Apfel war und ist Sinnbild für Verführung und Paradiesisches. Ein solches Paradies können wir in unsere Gärten zurückholen, denn in jedem auch noch so kleinen Garten hat Obst und allem voran der Apfel Platz.

Vorwort

Äpfel bieten das ganze Jahr über Genuss für Auge und Gaumen. Allen Unkenrufen von der vielen Arbeit, die Obstanbau angeblich macht, sei hier widersprochen. Wenn man die richtige Einstellung dazu findet, bringt die Apfelkultur nicht mehr Arbeitsaufwand mit sich, als irgendein anderes Gartenelement. Den Augenschmaus eines blühenden Apfelbaumes oder die Gaumenfreuden, die seine reifen Früchte spenden, können Thujenhecken und geschorene Rasenflächen einfach nicht bieten.

Denjenigen, die Spaß am selbst Gezogenen finden, bietet sich ein schier unerschöpfliches Betätigungsfeld, in dem es immer Neues zu entdecken gibt, sei es im Ausprobieren seltener Sorten oder in den unterschiedlichsten Gestaltungsvarianten, die mit Apfelbäumen möglich sind, wie verschiedene Spaliere oder »Hängeapfelbäume«.

Der Apfelbaum im eigenen Garten hat in der Tat einiges zu bieten:

- Frische Äpfel aus dem eigenen Garten schmecken einfach besser als Supermarktware und haben – biologisch gezogen – hohen gesundheitlichen Wert.
- Der Apfelbaum hat sowohl für den faulen als auch für den fleißigen Gärtner etwas zu bieten: Der Faule lässt ihn wachsen, pflückt beim Vorbeigehen eine reife Frucht zum Naschen und freut sich an der schönen Blüte. Der Fleißige aber schneidet, bindet, pinziert, lorettiert und erntet im Herbst Äpfel zum Einkochen, Lagern und Dörren.
- Apfelbäume sind in den unterschiedlichsten Größen verfügbar und optimal für die Gestaltung unserer heutigen kleinen Hausgärten.
- Apfelbäume bieten ideale Lebensräume für zahlreiche Tiere. Gern gesehene Gäste wie Grünspecht und viele andere Vogelarten, Siebenschläfer, Gartenschläfer (ein heimischer Bilch), Eichhörnchen und viele Insektenarten leben von und in den Fruchtgehölzen.
- Apfelbäume geben der Landschaft oft eine typische Prägung. Im österreichischen Mostviertel etwa sind sie zu einem wichtigen Sujet der Fremdenverkehrswerbung avanciert.
- Gerade für Nebenstraßen und Hauszufahrten bieten sich Apfelbäume mit ihren kleinen Kronen als Wegbegleiter, Orientierungs- und Blickpunkte an.

Dieses Buch soll sowohl dem Entspannung Suchenden Apfelgenießer als auch dem begeisterten Apfel-Freak Anleitung zum Gartenglück sein.

Roland Gaber
Krems, im Mai 2005